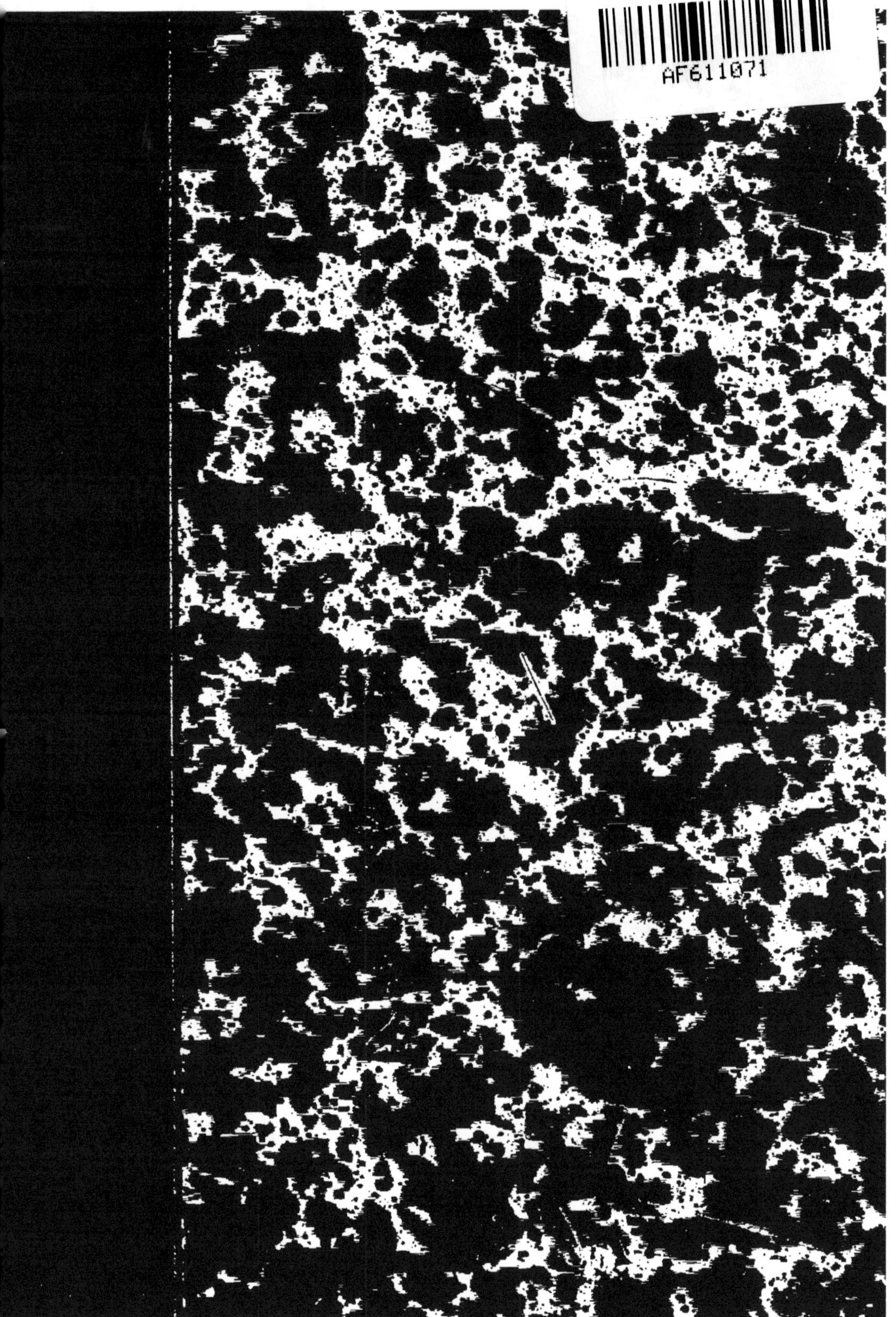
AF611071

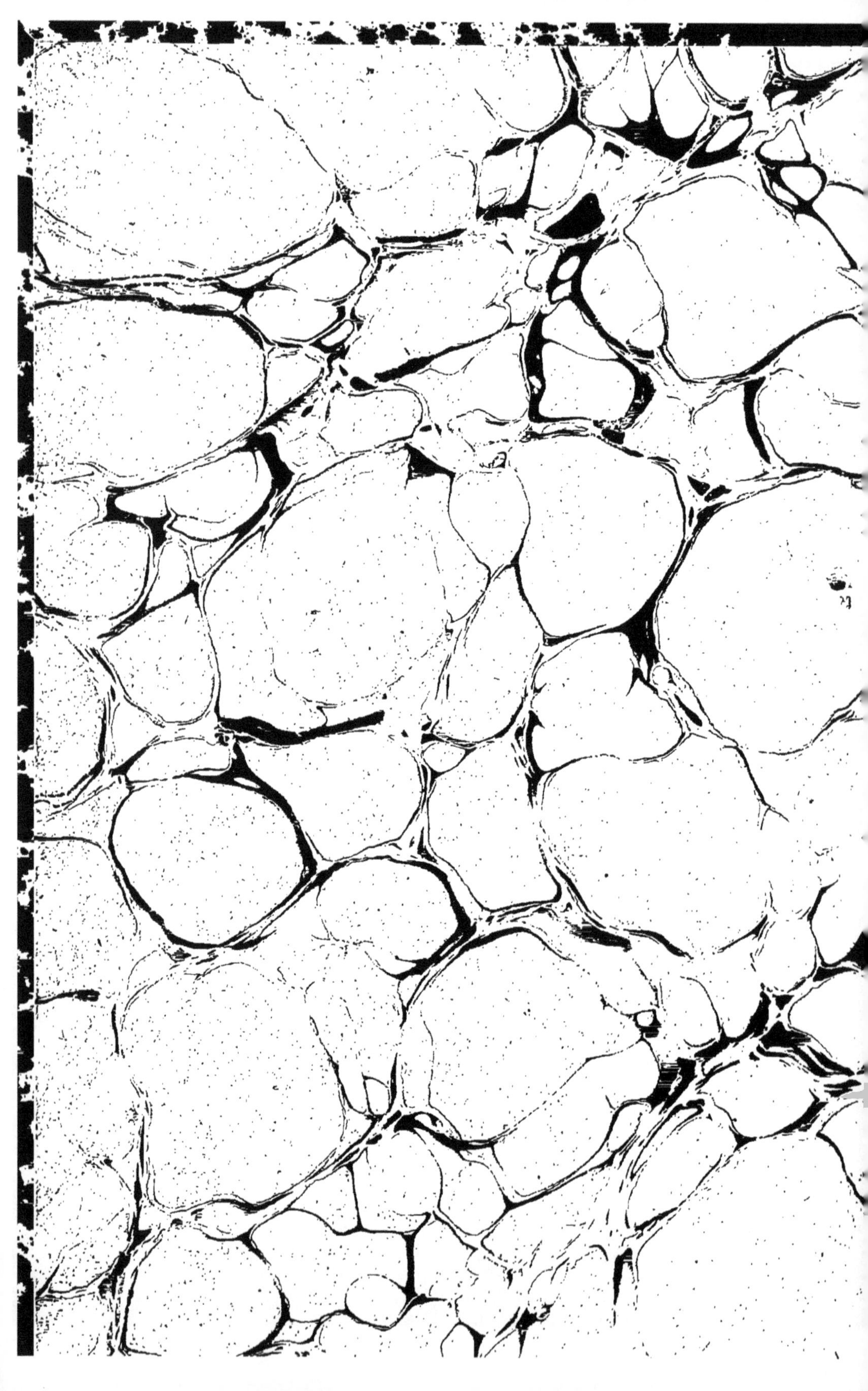

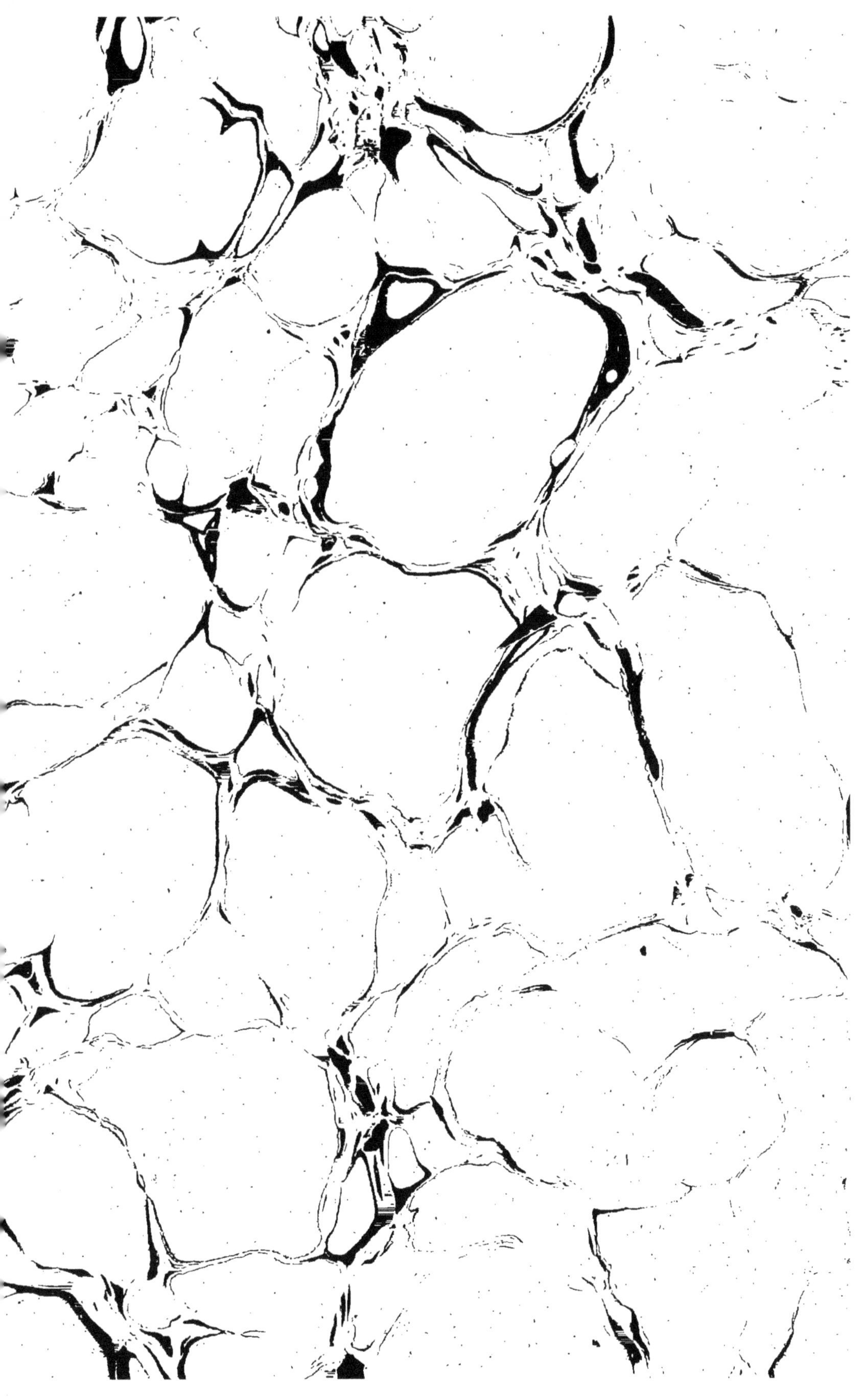

Cousure [illegible]

900

DÉPOT LEGAL
CALVADOS
N° 9 A
1899

661

LE DUC D'AUMONT ET LES CENT-JOURS EN NORMANDIE

BIBLIOTHÈQUE NATIONALE
LK

D'APRÈS DES DOCUMENTS INÉDITS

PAR

GASTON LAVALLEY

C.T.

PARIS

ALPHONSE PICARD & FILS, ÉDITEURS

Libraires des Archives nationales
et de la Société d'Histoire contemporaine

82, rue Bonaparte, 82

146

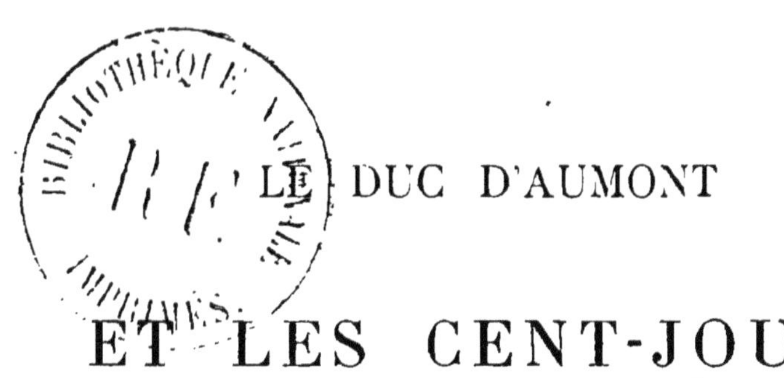

LE DUC D'AUMONT
ET LES CENT-JOURS

DU MÊME AUTEUR :

Les grands Cœurs. Biographies et récits; ouvrage couronné par l'Académie française; 2e édition. *Paris, Charavay;* in-8°, grav.

Caen démoli. Recueil de notices sur des monuments détruits, avec dessins inédits. *Caen, Le Blanc-Hardel;* gr. in-8°.

Caen, son histoire et ses monuments. *Caen, Valin;* in-18.

Les Compagnies du Papeguay. Étude historique sur les Sociétés de tir avant la Révolution. *Paris, Dentu;* in-18.

Napoléon et la disette de 1812. A propos d'une émeute aux Halles de Caen. *Paris, A. Picard;* in-8°.

Arromanches et ses environs. 2e édition. *Caen, Le Blanc-Hardel;* in-18.

Les Poésies françaises de Daniel Huet, évêque d'Avranches, d'après des documents inédits. *Paris, Dentu;* in-12

Insuffisance de nos lois contre la calomnie; dangereuses équivoques de la loi sur la diffamation. *Paris, Larose et Forcel;* in-18.

Notice historique sur la Bibliothèque de Caen. Ouvrage orné de 2 phototypies. *Paris, A. Picard;* in-8°.

Le Peintre et aquarelliste Septime Le Pippre; sa vie, son œuvre. *Caen, libr. L. Jouan;* gr. in-8°. (L'édition, tirée à 200 exemplaires, est ornée d'un portrait et de 8 phototypies. Une autre édition, tirée seulement à 15 exemplaires, est ornée de 21 photographies).

DÉPÔT LÉGAL
CALVADOS
N° 4 A
1899

LE DUC D'AUMONT ET LES CENT-JOURS EN NORMANDIE

BIBLIOTHÈQUE NATIONALE
IMPRIMÉS

D'APRÈS DES DOCUMENTS INÉDITS

PAR

GASTON LAVALLEY

PARIS
ALPHONSE PICARD & FILS, ÉDITEURS
Libraires des Archives nationales
et de la Société d'Histoire contemporaine
82, rue Bonaparte, 82

LE DUC D'AUMONT

ET

LES CENT-JOURS

EN NORMANDIE

I.

Dans la matinée du 7 juillet 1815, le receveur particulier de Bayeux apprenait, par un avis du sous-préfet de l'arrondissement, qu'un débarquement d'Anglais venait de s'opérer sur la côte d'Arromanches, petit port de pêcheurs situé à deux lieues de la ville. On lui manifestait la crainte de voir l'ennemi arriver prochainement à Bayeux, et on l'invitait à « prendre des précautions pour mettre en sûreté autant que possible les fonds » qu'il pouvait avoir dans sa caisse (1).

Le même jour, le général comte de Vedel, commandant à Caen la 14e division militaire, jetait aussi le cri d'alarme (2). Il informait à son tour le

(1) Minutes de la sous-préfecture de l'arrondissement de Bayeux, conservées aux *Archives du Calvados*.

(2) *Arch. du Calvados*. Secrétariat. Registres et correspondance : 1813-1815.

préfet du débarquement des Anglais à Arromanches, et ajoutait qu'il partait immédiatement « pour combattre ou traiter », laissant à la garde nationale le soin de maintenir l'ordre et demandant, comme le sous-préfet de Bayeux, qu'on mît « les caisses en sûreté ».

Ces deux fonctionnaires se trompaient également sur la nature de l'ennemi. Car, à cette époque, surtout pendant les dernières années de l'Empire, on voyait des Anglais partout, comme, en 1870, on soupçonnait dans tout étranger un espion prussien. L'erreur de Vedel et du sous-préfet de Bayeux était d'ailleurs bien excusable et suffisamment justifiée par les événements antérieurs. Depuis longtemps le littoral normand était habitué à de continuelles alertes par les tentatives que faisaient les vaisseaux anglais, en croisière devant les côtes, entre le Havre et Cherbourg. Déjà, en 1811, il y avait eu, à Arromanches même, un retentissant combat entre une frégate ennemie et quatre canonnières françaises, soutenues par le feu de la batterie du village.

La première impression des deux fonctionnaires, civil et militaire, était d'autant plus compréhensible que les deux bâtiments de transports et le *Blunker*, escortés par la corvette la *Bermuda*, qui venaient de mouiller dans la rade d'Arromanches, faisaient en effet partie de la marine britannique. Il n'y avait d'équivoque que sur la nationalité de la petite armée de débarquement que portait la flottille. Car ce n'était pas une troupe d'Anglais qui se préparait à opérer une descente sur la côte du Calvados, mais une poignée de royalistes commandés par le duc d'Aumont.

Cette descente n'avait pas pour elle une mise en scène aussi dramatique que l'expédition entreprise, en 1803. par Georges Cadoudal entre Dieppe et le Tréport. Il n'y avait pas à Arromanches, comme à la falaise de Biville, un site sauvage, des cavernes mystérieuses, un câble à nœuds caché dans une fente de rocher, des sentiers fréquentés seulement par des contrebandiers, des escarpements vertigineux. Mais, si la falaise était moins haute, les sentiments étaient plus nobles. Il s'agissait, non plus d'attaquer à l'improviste et de tuer le chef du pouvoir exécutif, dans une sorte de guet-apens, mais de jeter quelques hommes déterminés sur le sol de l'Empire, d'arborer le drapeau blanc, de faire un appel à la nation, de combattre ouvertement, loyalement.

Ce projet était-il héroïque, téméraire, ou simplement habile? C'est ce que nous verrons bientôt. Mais, avant de raconter les épisodes de l'expédition, il faut en connaître les antécédents, l'origine. Et pour en avoir, en quelque sorte, la genèse, il nous sera nécessaire d'étudier le caractère et le passé de celui qui en fut tout à la fois le promoteur et le chef.

Louis-Marie-Céleste, duc d'Aumont, connu d'abord sous le nom de duc de Piennes, puis de duc de Villequier, descendait d'une ancienne famille, dont les hauts faits ont été célébrés en vers (1) et en

(1) *Épitre à Monseigneur le duc d'Aumont... par un invalide.* Paris, Sétier, 1820. Brochure in-8° de 24 pages; rarissime.

prose (1). S'il fallait en croire ces panégyristes, un peu trop enthousiastes, le jeune duc n'aurait eu qu'à suivre la trace de ses ancêtres pour inscrire son nom, suivant la formule du temps, « au Temple de Mémoire ». Malheureusement il se fit tout d'abord, chez le jeune homme, une sélection naturelle qui transforma momentanément le génie militaire de sa race en une ardente recherche du plaisir. Peut-être n'y eut il là qu'un mystérieux phénomène d'atavisme. Car, parmi les aïeux du duc d'Aumont, on en voit qui s'amusent et tiennent maison ouverte, tant à Paris qu'aux eaux (2).

Il ne se contenta pas d'imiter ceux-là; il les dépassa Loin de songer à s'illustrer sur les champs de bataille, en bon vivant qu'il était, il passa ses journées à la chasse. ou sur le terrain des courses, et ses soirées au bal, ou à l'Opéra. C'était l'homme à la mode, et jamais grand seigneur ne jeta plus d'argent par les fenêtres. Il faisait venir de Londres ses gens, ses chevaux et ses équipages. Dans ses écuries, il ne voulait que des glaces de Bohême, des auges en marbre blanc et des râteliers en bois précieux des îles.

(1) *Un mot sur l'expédition de M. le duc d'Aumont,* par Mme Adelle R...... de B...y (Rochelle de Brécy). Paris, Sétier, in-8o de 76 pages. Le premier récit est suivi, à la page 40, de: *Histoire de ma première condamnation à mort.* Plaquette très rare.

(2) « Nous arrivâmes à Cauterets, dit N. Dufort, comte de Cheverny, dans ses *Mémoires* (tome I, p 208); la société y était charmante, et le duc d'Aumont y tenait maison ouverte... le souper fut charmant. » Il s'agit ici du grand-père du duc.

Au grand scandale des bourgeois du temps, c'était lui qui, vêtu en jockey, conduisait à grandes guides, sur les promenades, les quatre chevaux de son *diable*, voiture découverte dont les cochers se servaient alors pour dresser les chevaux (1). Il relevait toutefois son métier de maquignon par le prestige de l'inventeur. Car ce fut lui qui imagina cet attelage auquel son nom est resté, *l'attelage à la d'Aumont*, où l'on fait monter sur le cheval qui est hors la main un cavalier, chargé de la conduite de la voiture.

Avec un pareil train de vie, il n'est pas étonnant que le duc se fût noyé de dettes. Mais il aurait regardé comme un malheur de les payer et s'accommodait, avec une royale insouciance, de ses embarras de fortune. Aussi répondait-il à ceux qui lui reprochaient de ne pas veiller à ses intérêts, et de livrer sa maison au pillage : « Je sais bien que mes gens me volent, mais je les laisse faire : il faudrait me fâcher ! »

Lorsque la Révolution éclata, celui qui traitait si légèrement ses propres affaires ne vit, dans cette nouvelle et violente tranformation de la politique, qu'une veine inattendue à exploiter pour son plaisir. C'est ainsi que l'organisation de la garde nationale lui suggéra l'étrange idée de mettre son fils aîné à la tête d'un bataillon d'enfants de la ville de Verneuil ; il trouvait drôle de donner un uniforme et une épée à ce petit colonel de six ans, dont la gravité enfan-

(1) *Mémoires sur la Restauration*, par Mme d'Abrantés, tome III, page 146.

tine ajoutait encore à la situation comique imaginée par le père.

Toutefois la situation s'aggravait, et la Révolution obligea bientôt les esprits les plus frivoles à prendre parti pour ou contre elle. Le duc émigra entre le 20 juin et le 10 août 1792; mais, au lieu d'aller joindre l'armée du prince de Condé, il se rendit en Espagne et entra au service de Charles IV, auquel la Convention venait de déclarer la guerre. Comme simple volontaire dans la légion royale des Pyrénées, il se distingua par de nombreux traits de bravoure et fut blessé d'un coup de feu au visage à l'affaire d'Yargenza, dans la vallée de Bastan.

Après la signature de la paix entre la République française et l'Espagne en 1795, le duc d'Aumont se rendit auprès de Louis XVIII, à Mittaw. Plus tard, il l'accompagna à Varsovie. Il était dévoué au Roi, mais il s'ennuyait auprès de lui. Cette cour, qui nouait des intrigues et oubliait de s'amuser, n'était point son affaire. Il lui fallait Versailles avec le grand luxe, ou l'exil avec l'activité du soldat. La guerre, pour un désœuvré plein de bravoure, s'offrait comme un passe-temps; aussi demanda-t-il l'autorisation d'entrer au service de la Suède. Il leva en Scanie un régiment nommé le *Royal Suédois*, et, de 1805 à 1808, il fit contre les Russes les campagnes de Poméranie et de l'île d'Aland.

Pendant le long séjour du comte de Provence au château d'Hartwell, situé à seize lieues de Londres, le duc d'Aumont, renonçant à de nouvelles expéditions, s'attacha à la personne du prétendant. Il joua même auprès de lui un rôle assez singulier, s'il faut en croire le témoignage passablement suspect du policier Réal (1). Accablé de dettes et toujours besoigneux, il aurait trouvé l'ingénieux moyen de se faire 24,000 francs de rente par an en adressant deux fois par mois, à la police de l'Empereur, des renseignements sur la vie et les agissements du prince, dont il avait la confiance. Hâtons-nous d'ajouter que la trahison n'était qu'apparente, puisque le futur Louis XVIII était au courant de la bonne saignée faite à la caisse des fonds secrets du gouvernement impérial (2).

Le courtisan qui, pendant l'exil, sut se créer de telles ressources, ne dut pas avoir beaucoup de peine à s'en procurer lorsque, après l'entrée de Louis XVIII aux Tuileries, en 1814, il fut appelé à remplir les fonctions de premier gentilhomme. Entre autres choses, le roi lui donna, sur les fonds du domaine extraordinaire de l'empire, une somme considérable avec laquelle il acheta un grand hôtel au faubourg Saint-Honoré.

(1) *Indiscrétions, 1798-1830. Souvenirs anecdotiques et politiques tirés du portefeuille d'un fonctionnaire de l'Empire.* Tome I, pages 162 et 163.

(2) Ce qui redoubla le comique de la situation, ce fut le désopilant aveu que fit plus tard Louis XVIII au duc de Rovigo, l'ancien ministre de la police de Napoléon, qu'il interrogeait au sujet de la pension servie à d'Aumont :

« 24,000 francs ! s'écria-t-il ; voyez, Monsieur le duc, combien il faut se méfier des hommes ! il m'a toujours dit 12,000 francs... C'était probablement pour ne pas me payer mes droits d'auteur ; car les lettres que vous receviez, c'est moi qui les rédigeais. »

Avec son besoin immodéré de luxe, le duc fit bientôt de cet hôtel, suivant l'expression de la duchesse d'Abrantès, un *palais enchanté.* Et, comme si l'argent ne fondait pas assez vite entre ses mains, il y fut singulièrement aidé par la collaboration de sa seconde femme, la comtesse de Reuilly. qui, avec beaucoup de « grâce et de légèreté dans la conversation », avait une rare « facilité de grande dame » à dépenser beaucoup en peu de temps (1).

Obligé de vendre son magnifique hôtel, le duc vint occuper un appartement au pavillon de Flore, où il donna fréquemment des concerts (2). Ces réceptions, si dispendieuses qu'elles fussent, devaient pourtant lui coûter moins cher que ses aventures galantes. Car, délaissée à son tour, la seconde femme du duc d'Aumont souffrait alors, par une sorte de sanction des choses, un peu des tortures qu'elle avait infligées à la première épouse. Le scandale fut-il trop éclatant, ou les dépenses du duc furent-elles trop exagérées ? Nous ne savons. Ce qu'il y a de certain, c'est

(1) Elle vivait là, « toujours vive dans sa causerie, dit la duchesse d'Abrantès, active dans ses projets et s'occupant d'une peuplade d'oiseaux de toutes les couleurs et de tous les pays». Comme elle était assiégée dans son palais par une foule de créanciers, « elle se fit bel esprit, dévote et philanthrope » et fonda une *association de bienfaisance des Dames françaises*, qui avait surtout pour but de lui venir charitablement en aide. Mais tous ces beaux projets humanitaires n'eurent pour résultat que de la conduire à une ruine complète. Et le duc, « qui s'endettait pour le démon, trouva très mauvais que sa femme s'endettât pour le bon Dieu. »

(2) *Mémoires du général Thiébault;* tome V, page 160.

que, pour remédier à une situation compromettante, on ne trouva rien de mieux que d'éloigner le dissipateur.

Remplacé dans son service par le duc de Duras, le premier gentilhomme de la chambre fut nommé lieutenant-général et commandant, non de la 14e division militaire, comme l'ont dit les journaux de l'époque, mais bien seulement de la première subdivision, qui avait son siège à Caen.

Le rédacteur du *Journal du Calvados* (n° du 18 février 1815), fut plus véridique lorsque, après avoir annoncé l'arrivée à Caen, le 15 février, du lieutenant-général, qui fut salué à son entrée dans la ville par cinq coups de canon tirés du Château, il ajouta : « Tous ceux qui ont été admis à l'audience de M. le duc d'Aumont ont eu à se louer de l'aimable affabilité et de la politesse exquise de ce preux chevalier, qui porte sur sa figure les traces non équivoques de sa valeur » (1).

D'après les témoignages des contemporains, le duc devait avoir en effet une manière d'accueillir les gens qui lui gagnait immédiatement la sympathie des personnes qu'on lui présentait.

« Il est impossible, dit le général Thiébault (2) en rappelant son entrevue de 1814 avec ce charmeur, d'être plus prévenant que ne fut pour moi le duc, avec qui, sur un mot, j'étais entré en conversation. Il poussa même les choses si loin qu'au bout d'une

(1) Allusion à la cicatrice qu'il conserva toute sa vie, à la suite de la blessure reçue à l'affaire d'Yargenza, en Espagne.

(2) *Mémoires*, tome V, p. 205.

demi-heure d'entretien, nous nous séparâmes avec promesse mutuelle de nous revoir à Paris. » Et le général, qui avait jusque-là servi sous l'Empereur, avoue qu'il se sentait déjà ébranlé et porté à s'attacher au nouvel ordre de choses, c'est-à-dire au gouvernement de Louis XVIII.

Cet abord séduisant et plein de grâces était un don précieux pour un homme qui fut longtemps chargé de faire de la propagande au bénéfice des Bourbons. Sa femme aussi, avant l'abdication de Fontainebleau, l'aidait à faire des recrues royalistes. Elle se compromit même au point qu'elle ne dut son pardon qu'à l'intervention de Carnot auprès de l'Empereur (1). Mais c'était uniquement à propos de cette collaboration politique que le ménage s'entendait. Le duc, après des brouilles fréquentes, dut se résigner à opérer seul.

Et il dut réussir; car, à peine arrivé en Basse-Normandie, il se fit une telle popularité auprès des solliciteurs, qu'un poète du cru consacra une longue pièce de vers à prouver que « le talent méconnu, la faiblesse opprimée » avaient enfin trouvé en d'Aumont un puissant appui auprès du trône (2).

Provisoirement installé dans la maison qu'un royaliste zélé, M. de Grandclos-Mesle (3), avait mis

(1) *Mémoires sur Carnot par son fils*, tome II, p. 454.

(2) *Vers adressés à Mgr le duc d'Aumont à l'occasion d'une maladie que son Ex. éprouva il y a quelques mois*, publiés en partie dans le *Journal du Calvados*, du 8 mars 1815.

(3) *Journal du Calvados*, du 11 février.

à sa disposition, le lieutenant-général voulut relever sans doute par le luxe du mobilier la mesquinerie d'un logement de province. Par l'éclat de ses réceptions, il pensait d'ailleurs séduire les gens et les gagner à la cause du roi. Aussi ne reculait-il devant aucune dépense. On l'avait un peu envoyé dans cette sorte d'exil pour l'obliger à économiser, et à mettre de l'ordre dans ses propres affaires. Et voici comment il débuta dans ce nouveau genre de vie. Dès les premiers jours de son arrivée à Caen, il s'y fit envoyer de Paris, par un orfèvre, un service d'argenterie de la valeur de 34,795 francs ! (1)

Le duc aurait ainsi travaillé rapidement à sa ruine, ou plutôt à celle de ses fournisseurs, sans le prodigieux coup de théâtre du retour de l'île d'Elbe. Tandis qu'il s'occupait de meubler son hôtel, vingt-trois jours après son arrivée à Caen, il y recevait, le

(1) Le 6 avril 1815, le Ministre de la Police générale écrivait au Préfet du Calvados :

« Le sieur Biennais, orfèvre à Paris, réclame un service d'argenterie de la valeur de 34.795 fr. 96 c. qu'il a fourni à M. le duc d'Aumont et qui ne lui a pas été payé. Je vous transmets ci-joint la note des objets dont ce service est composé. S'il est en votre pouvoir de prendre quelques mesures pour assurer les intérêts du sr Biennais, je vous invite à le faire et à vouloir bien m'instruire du résultat. »

Et le préfet, à son tour, adressait, le 8, cette note au maire de Caen :

« ... Veuillez tâcher de vous procurer l'état des objets que M. le duc d'Aumont a laissés dans son hôtel et me l'adresser. . »

Archives du Calvados. Secrétariat : Evénements, incendies, 1813-1817.

9 mars, la foudroyante nouvelle du débarquement de Napoléon à Cannes.

La transformation qui s'opéra alors, dans la personne du commandant de la 1re subdivision, fut aussi rapide que la variabilité des événements. L'homme de plaisir disparut subitement pour faire place au vaillant soldat, à l'ancien colonel des volontaires espagnols, qui sommeillait sous les dehors frivoles du viveur. Sans attendre les ordres du Gouvernement, le duc d'Aumont prit hardiment, sous sa responsabilité personnelle, les mesures les plus énergiques pour organiser des troupes de volontaires destinées à repousser celui que les royalistes appelaient *l'usurpateur*. Il voulait tout à la fois former des corps d'infanterie et des compagnies franches à cheval. Pour tenter la jeunesse, qui n'aurait pas eu le zèle suffisant, il promettait le rang de sous-lieutenant à ceux qui entreraient dans les *Gardes du Roi à pied*. En même temps il faisait appel aux armuriers de Caen (1), et aux différents fournisseurs des villes de son commandement, pour centraliser au chef-lieu tout ce qui serait nécessaire à l'armement et à l'équipement des volontaires royaux.

Il semblait communiquer sa belle ardeur à tout ce qui l'entourait, et ce fut probablement sous son inspiration que le préfet Seguier, sortant de la réserve

(1) Voir, entre autres dans les *Archives du Calvados* (R. Volontaires royaux), les réclamations rétrospectives d'un fabricant d'armes à Caen (16 février 1816), et de commerçants de Bayeux (lettre du sous-préfet, 30 nov. 1815), qui ne pouvaient parvenir à se faire payer leurs fournitures.

habituelle aux fonctionnaires administratifs, publia, dès le 9 mars, la violente proclamation qui suit :

« Napoléon Bonaparte, disait-il, cet étranger dont l'oppression récente a causé à notre patrie des maux si graves et si longs à guérir; ce perfide qui, violant tous les traités avec des alliés dévoués, par les agressions les plus odieuses, a tenté de ternir l'honneur du nom français ; cet homme sans âme, qui a abandonné trois fois ses invincibles armées après les avoir entraînées sur des plages lointaines, les laissant en proie à la fureur des ennemis ulcérés et d'un climat inexorable; cet aventurier, qui a trafiqué de son abdication du plus beau trône de l'univers à des conditions viles et honteuses, vient aujourd'hui vous proposer d'opter entre lui et votre Roi légitime ; entre Néron et Titus ; entre Charles V et Charles le Mauvais ; entre le crime et la vertu.

« L'égarement de son esprit lui fait croire que vous avez oublié ses forfaits, ou plutôt la perversité de son cœur lui fait espérer de trouver en vous des complices. Il vient vous apporter, en échange de ce gouvernement paternel qui craint de punir les coupables, cette férocité froide qui cherche des victimes; au lieu de ce respect constant pour la liberté constitutionnelle et tous les droits que la charte nous garantit, ce machiavélisme profond qui enchaîne les actions, les paroles et presque les pensées ; au lieu d'institutions libérales qui donnent l'essor au génie et aux talents, ces combinaisons étroites qui en étouffent les germes, et font d'une nation généreuse l'instrument passif de la tyrannie.

« Quel amas de vengeances publiques et privées en opposition avec la clémence la plus mémorable qu'offrent les fastes de l'histoire ! Serait-il possible que notre Roi Louis XVIII eût, ainsi que César, sujet de s'en repentir ? Non, Français, votre générosité m'en répond.

« *Bonaparte*, instrument des vengeances célestes, est poussé à sa ruine par cette même main divine qui l'a élevé pour notre châtiment, et qui le précipite pour sa juste punition.

« Serrons-nous autour de ce trône que la Providence a si miraculeusement relevé, et montrons, par notre zèle à le défendre, le regret de nos erreurs passées.

« Vive le Roi !

SEGUIER. »

S'il faut en croire le *Journal du Calvados* du 15 mars, cette fougueuse harangue aurait produit un résultat presque instantané. Car, dès le lendemain, le 10, lorsque le duc d'Aumont passa la revue de la garde urbaine, son Excellence fut saluée par des cris unanimement répétés de : *Vive le Roi !*

« On ne saurait douter, dit le rédacteur de l'article, que tous les habitants de la bonne ville de Caen ne soient à S. M., à la vie et à la mort. Chacun est à son poste ; autorités, soldats et citoyens, tous brûlent du désir de signaler leur zèle contre les scélérats qui voudraient pervertir l'esprit public. La plupart de nos jeunes gens se font inscrire pour marcher contre l'aventurier de l'île d'Elbe ; tous se montrent avec la fleur de lis ou une cocarde blanche à leur boutonnière. Malheur à qui insulterait à ce noble signe de ralliement. Mais, que dis-je, qui oserait insulter à ces couleurs chéries, emblème des vertus sans tache de nos Princes bien aimés? Que pourrait-on leur préférer? Est-ce cet *Aigle* exécrable qui ne rappelle que des crimes et des malheurs, et qui a toujours soif de sang humain ? »

Pour ne pas laisser se refroidir ce bel enthousiasme de la population, le duc disait aussi, à la fin de son ordre du jour (1) du 13 mars :

« Français ! l'Europe nous observe, elle verra avec admiration l'empressement de la nation entière à entourer le trône ; elle sera frappée d'estime et de respect pour un peuple qui sait étouffer dès leur naissance tous les germes des dissensions civiles.

« *Le Révolté*, que les Français ne nomment plus qu'avec horreur et mépris, osait se flatter que les *Lyonnais* l'accueilleraient favorablement; il a été repoussé et chassé par les *Lyonnais*, guidés par l'un des Princes du sang des Bourbons. Il erre et emploie toutes les ruses possibles pour éviter les divers corps qui sont à sa poursuite et qui ne tarderont pas à l'atteindre....

« Le Lieutenant général commandant la 1re subdivision de la 14e Division militaire.

DUC D'AUMONT. »

(1) *Archives du Calvados.*

Au moment où il faisait afficher cette diatribe, le duc d'Aumont ignorait-il que Napoléon était déjà entré à Lyon le soir du 10 mars, aux acclamations de plus de 100,000 voix? Ou bien, connaissant la vérité, voulait-il, comme dans les cas désespérés, cacher la vraie situation à ceux qu'il appelait aux armes? Qu'il fût sincère ou non, le moyen lui réussit, puisque des volontaires commençaient à se faire inscrire à la Préfecture et au Bureau de la guerre.

Le 15 mars, le *Journal du Calvados* pouvait en effet insérer l'entrefilet suivant :

« Hier, tous nos braves jeunes gens qui se sont fait inscrire pour marcher contre Bonaparte et ses brigands, se sont réunis dans la rue Neuve des Carmélites, devant l'hôtel de M. Alexis Dumesnil, leur digne commandant, et sont allés sous ses ordres se caserner au château. Dans toutes les rues qu'a traversées cette vaillante compagnie, elle a été reçue aux cris de : *Vive le Roi!* Les dames agitaient par les fenêtres des mouchoirs blancs, et promettaient la victoire à un dévouement si noble et si pur. »

Le même jour, le général comte de Vedel, commandant de la 2e subdivision militaire à Cherbourg, faisait partir de la Hague, avec armes et bagages, un détachement de trente canonniers-vétérans. Il les envoyait à Caen, pour y recevoir les ordres du lieutenant-général duc d'Aumont (1), qu'il avait au-

(1) *Archives du Calvados*, R. administration générale. Lettre

jourd'hui pour collègue et qu'il devait avoir pour ennemi moins de quatre mois après.

Ainsi, au 14 mars, le duc d'Aumont pouvait déjà compter sur ce détachement de canonniers et sur deux compagnies de volontaires, dont la première était commandée par le jeune Martial de Ranville, qui devait bientôt faire partie de l'expédition débarquée à Arromanches. En même temps un escadron franc de gardes à cheval s'organisait par les soins de M. Charles Labbey de Druval, colonel, qui venait d'installer à Vaucelles des écuries et un magasin renfermant les équipages (1). On s'occupait aussi de la formation de bataillons de réserve.

Il était difficile de montrer plus d'activité. Cependant, comme si le gouvernement avait eu quelque raison de se défier, soit du zèle, soit de la capacité du duc d'Aumont et de son dévoué collaborateur civil, le préfet Seguier, on apprit tout à coup, le 15 mars, l'arrivée à Caen du maréchal Augereau, duc de Castiglione, qui venait d'être nommé gouverneur de la 14e division militaire.

« M. le maréchal duc de Castiglione, gouverneur-général de la Basse-Normandie, disait le *Journal du Calvados* à la date du 16 mars, arrivé hier dans nos murs, a reçu aujourd'hui les autorités constituées ;

datée de Valognes le 14 mars, par le Maréchal de camp commandant le département de la Manche.

(1) *Archives du Calvados*, R. Volontaires royaux, etc. Lettre de Labbey de Druval à M. Marc, conseiller de préfecture, 23 mars 1815.

la bravoure et les talents de M. le maréchal, son entier dévouement à la cause de la France et de son Roi, les sentiments énergiques d'indignation qu'il a manifestés dès longtemps contre le *fléau de l'humanité*, inspirent une confiance universelle aux braves et fidèles Normands. Son Excellence les trouvera tous prêts à exécuter avec zèle les ordres qu'il voudra leur prescrire pour la défense du Monarque le plus vertueux, le plus sage et le plus chéri. »

Tandis que le principal organe du département préparait ainsi l'opinion royaliste à accepter sans défiance les services d'un officier supérieur chez qui la trahison était passée en habitude, Augereau rédigeait une proclamation adressée aux habitants de la Normandie et à l'armée.

« Braves Normands, le Roi a daigné me confier le gouvernement de la 14e division militaire.... Soldats et citoyens, ce père de la patrie nous appelle à la défense de son trône, de ses droits et des nôtres.... Qui d'entre nous ne répondrait pas à une voix aussi chère?... Le Roi, la patrie et la liberté ne sont qu'une seule et même cause, une cause sainte !!! L'infamie est pour le parjure. Braves Normands ! si dignes de vos aïeux, le Roi compte sur vous !...

Au quartier général de Caen, le 18 mars 1815.

Le maréchal et pair de France, gouverneur de la 14e division militaire, Augereau, duc de Castiglione » (1).

(1) *Archives du Calvados*, R : Affaires militaires, 1800-1815.

Le Roi pouvait beaucoup plus compter sur les Normands que sur le gouverneur militaire, qu'il avait eu l'imprudence d'envoyer à Caen. Car, à l'heure où l'on affichait cette proclamation menteuse, commençait déjà le nouvel avatar d'un maréchal qui cherchait le moyen de rentrer en grâce auprès de l'Empereur.

Versatile, sans conscience, sans idées arrêtées, prêt à changer de parti selon les événements, n'allant jamais que du côté où il croyait trouver honneurs et argent, mais se trompant souvent, comme il arrive aux gens qui n'écoutent que les conseils de leur ambition, Augereau, dès le 18 mars, n'était pas sans avoir appris la marche triomphale de Napoléon sur Paris. Comment l'eût-il ignorée, puisque encouragés par cette nouvelle, des officiers à demi-solde ne craignirent pas de se réunir à Caen, où ils formaient des rassemblements tumultueux. Profitant des équivoques d'une situation troublée, ils se donnaient pour de bons royalistes, qui auraient répondu à l'appel du duc d'Aumont pour s'engager dans un des corps de volontaires.

Le duc de Castiglione pensa qu'on ne pouvait lui offrir une meilleure occasion de faire oublier sa récente trahison, et de se créer de nouveaux titres à la faveur impériale. Tandis qu'il écrivait sa proclamation pour donner des gages à la cause royale, en secret, il favorisait (1) les tentatives des perturbateurs,

(1) Le fait est attesté par un contemporain dans le manuscrit suivant : *Notice sur la part que le Calvados a prise aux évé-*

créant ainsi de terribles embarras au préfet Seguier et au commandant de la 1re subdivision militaire.

Ce n'était pas en effet, pour le duc d'Aumont, une besogne facile que d'éliminer les gens douteux, ou simplement incapables, qui se présentaient à ses différents bureaux de recrutement. Plus tard, après l'insuccès, à l'heure des récriminations, des chefs royalistes eux-mêmes (1) lui ont reproché d'avoir accepté des jeunes gens qui n'avaient jamais servi. On le blâma aussi (2) d'avoir mis à la tête de ses volontaires des officiers ignorants et inhabiles au métier des armes.

Mais que pouvait donc faire l'infortuné lieutenant-général, harcelé par la rapidité des événements et cependant obligé d'agir ? Devait-il prendre au sérieux les services que vinrent lui offrir, dans la journée du

nements politiques depuis le mois de mars 1815, jusqu'au retour du Roi dans sa capitale, par M. le comte d'Hautefeuille, colonel de la Garde Nationale de Caen en 1815 (Ms. in 8° 83, de la Bibliothèque de Caen).

Charles Texier, comte d'Hautefeuille, colonel de la Garde Nationale de Caen, a joué un rôle assez important dans les événements de 1815. Il était le frère de Eugène d'Hautefeuille, colonel de lanciers, que nous verrons bientôt prendre part à l'expédition du duc d'Aumont. Nous aurons souvent à citer ses souvenirs, que nous désignerons, par abréviation, sous le titre de *Manuscrit Hautefeuille.*

(1) Lettre de Labbey de Druval à M. Marc, conseiller de préfecture remplissant la fonction de préfet (23 mars). *Archives du Calvados.* R : Volontaires royaux.

(2) Lettre du maréchal de camp Regnaud au préfet, du 31 mars 1815. *Archives du Calvados.* R : Volontaires royaux.

16 mars. les vieux chevaliers de l'Ordre royal et militaire de Saint-Louis ? Devait-il se contenter des bonnes volontés impuissantes ? Lui fallait-il se fier aux promesses d'un M. de Montcanisy (1), ancien colonel de cavalerie, plus que septuagénaire, qui s'était fait inscrire, des premiers, sur la liste des cavaliers volontaires, en disant que « si sa voix affaiblie ne lui permettait plus de commander, au nom de son Roi, il sentait palpiter son cœur aussi vivement qu'à l'âge de vingt ans » ?

S'il y avait de l'enthousiasme parmi ces vétérans, malgré les affirmations rassurantes du *Journal du Calvados*, qui écrivait (2) que les hommes de toutes classes accouraient avec empressement de tous les points du département, le duc d'Aumont ne se faisait aucune illusion sur le concours qu'il pouvait attendre de la population valide. A grand'peine il était arrivé (ce qui était déjà un assez joli résultat) à équiper en quelques jours deux compagnies d'infanterie, une de grenadiers et une de chasseurs. De plus il espérait que les deux escadrons de cavalerie en formation seraient bientôt en état de rejoindre les volontaires à pied, qui devaient partir pour se rendre au camp indiqué près de Melun.

Les deux compagnies d'infanterie, commandées par le chef de bataillon Alexis Dumesnil, ancien officier de l'armée royale de Normandie, se mirent en route le 19 mars, précédées jusqu'à la sortie de la ville,

(1) *Journal du Calvados*, n° du 18 mars.

(2) N° du 18 mars.

selon la volonté du maire de Caen (1), de la musique de la Garde Nationale. Ces troupes royalistes arrivèrent, le soir du 20 mars à Évreux, où elles apprirent, par des personnes attachées à la Cour qui fuyaient en Normandie, tout ce qui venait de se passer à Paris dans la nuit, c'est-à-dire la rentrée de l'Empereur aux Tuileries.

La nouvelle n'arriva à Caen que le lendemain. Et, loin de décourager le duc d'Aumont, elle sembla lui donner une nouvelle ardeur. La situation devenait cependant terriblement inquiétante, pour ne pas dire dangereuse. Les officiers à demi-solde parcouraient les rues de la ville avec des drapeaux tricolores, et Augereau, jetant le masque, approuvait leurs manifestations tumultueuses (2).

Avec une volte-face impudente, dont le cynisme dépassa tous les actes de trahison et de bassesse qui souillèrent cette triste époque, il osa, deux jours après l'affichage de sa proclamation royaliste, couvrir les murs de la ville d'un manifeste où il crachait sur le drapeau blanc, autour duquel il venait de conjurer les Normands de se rallier.

« Soldats, disait-il, l'Empereur est dans la capitale ; ce nom, si longtemps le gage de la victoire, a suffi pour dissiper devant lui tous ses ennemis ; un moment la fortune lui fut infidèle ; nous fîmes alors serment de défendre d'autres droits que les siens ; ses

(1) Lettre du maire au colonel de la Garde Nationale, du 18 mars. Archives municipales. Lettres; registre 16.

(2) Manuscrit Hautefeuille

droits sont imprescriptibles. Soldats ! dans son absence, vos regards cherchaient en vain sur vos drapeaux blancs quelques souvenirs honorables ; jetez les yeux sur l'Empereur ; à ses côtés brillent d'un nouvel éclat ses aigles immortelles ; rallions-nous sous leurs ailes ; oui, elles seules conduisent à l'honneur et à la victoire : arborons donc les couleurs de la nation. »

Dans cette circonstance critique, le duc d'Aumont n'hésita pas à renier son chef hiérarchique et, de sa propre autorité, avec un courage que nous devons honorer, à la fin de la journée du 21 mars, vers six heures du soir, il donna l'ordre à l'escadron des gardes de monter à cheval

Cette troupe, à peine organisée, était malheureusement composée des éléments les plus disparates. Si l'on comptait parmi les volontaires quelques cavaliers exercés et sincèrement royalistes, le reste des recrues formait une cohue désordonnée. La plupart n'avaient jamais servi, et — chose plus grave — les autres ne répondaient, en aucune façon, aux desiderata qui exigeaient (1) d'eux « une moralité parfaitement reconnue, un dévouement très prononcé au Roi et à la patrie, et la possibilité de s'habiller à leurs frais. » C'étaient, au contraire, de pauvres diables, sans le sou, ou accablés de dettes, que, faute de mieux, on avait accueillis pour exécuter les ordres du préfet.

(1) Affiche placardée, le 18 mars, par le commandant de bataillon, comte de Fouchécourt. *Archives du Calvados.* R. Affaires militaires 1800-1815

On devine aisément quelle confusion dut se produire au boute-selle d'un tel escadron, au moment où l'anarchie était maîtresse des rues, et lorsque l'incertitude des événements politiques favorisait les plus coupables désertions. Dès que l'ordre du départ eut été donné par le duc d'Aumont, quelques-uns des volontaires allèrent chez leurs tailleurs chercher leur uniforme ; les autres — et c'était le plus grand nombre — accoururent à Vaucelles, où malgré les objurgations du lieutenant Hyppolite de Lyon, ils enfoncèrent les portes du magasin, qu'ils mirent au pillage. Plusieurs décampèrent sans tambour ni trompette, en emportant des effets d'habillement, armement et équipement (1). Il y en eut même qui eurent l'audace de disparaître en s'appropriant les chevaux qu'on leur avait offerts, tout harnachés, pour le service du roi (2).

Ces scènes de désordre furent aggravées par la présence des officiers à demi-solde qui parcouraient la ville, vociférant, insultant le drapeau blanc partout où ils le rencontraient, et menaçant tout ce qui

(1) Lettre de Labbey de Druval, du 23 mars, précédemment citée.

(2) Lettre au préfet, du 14 mai 1815, dans laquelle M. Labbey de Druval déclare, en rendant ses comptes, qu'il a acheté 106 chevaux, dont 63 ont été remis au 9e régiment de chasseurs et 37 au major Briquet. « Les six qui restent à reproduire, ajoute-t-il, ont été enlevés dans la nuit du 21 mars.... Je ne crois pas que le plus léger soupçon puisse tomber sur nous... Nous sommes à l'abri de pareille bassesse.. » *Archives du Calvados.* R. Volontaires royaux.

paraissait improuver leurs manifestations. Augereau laissait faire, ou approuvait.

Le duc d'Aumont, en se voyant abandonné par les volontaires, songea un instant à s'autoriser de sa qualité de commandant de la 1re subdivision, pour donner des ordres à la garnison. Mais il ne lui fallut pas longtemps pour s'assurer qu'il ne pouvait plus compter sur les troupes, dont la majorité se déclarait hautement pour l'Empereur. Il ne devait pas non plus fonder la moindre espérance sur l'aide du vieux comte de Frotté, envoyé à Caen, le 14 mars, avec mission spéciale de le seconder (1) ; car le violent appel aux armes contre l'usurpateur, que l'ancien chef des chouans avait fait afficher dans quelques villes du Calvados, s'était perdu sans écho dans le vide de l'indifférence publique.

Déjà son collaborateur civil, le préfet Seguier, craignant, sinon pour sa vie, au moins pour sa liberté, s'était enfui et réfugié dans ses terres. Menacé d'arrestation par Augereau, le chef militaire que lui avait imposé le roi pour l'aider dans ses préparatifs de résistance à Napoléon, le duc d'Aumont pensa qu'en restant il s'exposerait sans utilité et qu'il valait mieux quitter la France, pour combiner une revanche à l'Étranger. L'hésitation d'ailleurs ne lui était plus permise, puisque son devoir venait de lui être tracé par Louis XVIII lui-même, qui, au moment où il quittait Paris, lui avait envoyé ses ins-

(1) *Louis de Frotté,* par L. de la Sicotière, t. II, p. 707.

tructions en le chargeant d'une mission extraordinaire près du gouvernement britannique (1).

Suivi de quelques officiers restés fidèles, au nombre de neuf, suivant la duchesse d'Abrantès, il s'échappa secrètement, dans la nuit du 21 mars, gagna la mer auprès du village de Meuvaines (2) et se jeta, avec ses compagnons, dans une barque de la contenance de neuf tonneaux (3). Pendant trois nuits et trois jours, la frêle embarcation fut le jouet d'une tempête épouvantable. Le duc travailla lui-même, avec les matelots, à débarrasser le canot de l'eau, qui allait le submerger. Après des efforts inouïs, on aborda dans le port de Newhaven. Mais, excédé de fatigue, épuisé, demi-mort, le duc ne put se rendre à Londres qu'après un repos de huit jours.

(1) *Mémoires et Souvenirs du baron Hyde de Neuville*, t. II, p. 72.

(2) Dans le tome II de ses *Mémoires sur la Restauration*, la duchesse d'Abrantès dit que le duc d'Aumont s'embarqua à *Davênes*. C'est évidemment un mot défiguré, car il n'y a de localité de ce nom, ni dans le Calvados, ni dans aucun autre département. La terminaison du mot nous fait croire qu'il s'agit ici de *Meuvaines*, situé entre Asnelles et Ver, sur le littoral du Calvados. Cette localité aurait été d'ailleurs bien choisie par les fugitifs, puisqu'elle était au centre d'un canton où l'on avait chouanné beaucoup autrefois. Le littoral était en outre mal gardé, désert, et habité par des pêcheurs hostiles à l'Empire, qui mettaient souvent leurs barques à la disposition des proscrits royalistes.

(3) Manuscrit Hautefeuille.

II

Le duc d'Aumont était arrivé à Londres avec le titre de commissaire extraordinaire du roi. Sa mission parut tout d'abord se borner à sonder les dispositions du gouvernement britannique, et à observer les mouvements de l'opinion. Il écrivit même un rapport confidentiel à Louis XVIII sur les sentiments que le peuple anglais semblait manifester à l'égard de la famille des Bourbons.

Mais ce n'était là que le côté, en quelque sorte, extérieur de ses fonctions officielles. En réalité, dès les premiers jours de son arrivée, il n'eut qu'une pensée, un but : rallier autour de lui un nombre suffisant d'anciens volontaires et de nouveaux partisans du Roi pour opérer une descente sur les côtes de Normandie, où il tâcherait de soulever une insurrection générale en faveur de la monarchie légitime. En caressant ce projet, obéissait-il à une inspiration de haute politique ? Voulait-il épargner aux Bourbons la honte de rentrer une seconde fois en France à la suite d'une invasion ? Avait-il imaginé cette diversion armée pour qu'il fût permis de dire, et possible de croire, que le peuple français, en prenant les armes contre l'usurpateur, manifestait hautement le désir de concourir seul, sans le concours de l'Étranger, au rétablissement de l'autorité royale ?

Dans ce cas, il aurait accueilli avec empressement

les modifications que le baron Hyde de Neuville lui proposa d'apporter à son projet. Avec son coup d'œil d'homme politique, rompu aux affaires, le baron vit immédiatement le parti que l'on pouvait tirer d'un plan, peu étudié et trop réduit, auquel il suffirait de donner de plus vastes proportions. Pour lui, jeter un petit corps de partisans en Normandie, ne lui paraissait pas suffisant. Il fallait une action plus générale et favoriser, parallèlement à celles qui éclateraient en Normandie, les insurrections de la Vendée et de la Bretagne. De plus, à toutes ces troupes, formées des débris de l'armée et de la maison du Roi, il importait de donner un chef, dont l'autorité s'imposerait, comme, par exemple, le général Macdonald. Avec de telles combinaisons, on réussirait à faire accréditer le bruit que la France, par cette prise d'armes, entendait, non pas seconder les Alliés, mais profiter de leur victoire pour replacer Louis XVIII sur le trône de ses pères. (1)

Ce ne fut pas sans un certain plaisir que le duc d'Aumont vit s'éloigner un diplomate, dont les vastes projets menaçaient de le reléguer au second plan. Connaissant très bien le fort et le faible de la 14e division militaire, dont il avait eu le commandement, il espérait grouper facilement autour de lui assez de bonnes volontés pour mener à bien la descente dont il prendrait la haute direction. Si l'on adoptait au contraire les combinaisons du baron Hyde de Neuville, il pressentait, non sans humeur, qu'il devrait

(1) *Mémoires du baron Hyde de Neuville*, t. II, p. 74-75.

s'effacer et céder la première place à quelque ancien maréchal de l'Empire.

Il n'en eut pas moins, par l'intermédiaire de son aide de camp, une correspondance suivie avec le baron, qui s'était rendu à Gand auprès de Louis XVIII. Le 21 avril, il lui annonçait l'arrivée à Londres de la duchesse d'Angoulême, qui aurait déjà promis son appui à l'expédition projetée de Normandie. Et il ajoutait le 4 mai (1) : « Nous avons l'assentiment du « duc de Wellington, et de bonnes dispositions de la « part des ministres anglais ; vous voyez qu'il devient « plus urgent que jamais de s'en occuper. »

Mot imprudent de la part du duc d'Aumont, puisque celui dont il redoutait les trop vastes conceptions, s'empressa, en arrivant à Gand, de soumettre au roi une note où il insistait sur la nécessité de fomenter une insurrection générale en France.

« Qu'on s'occupe, disait-il (2), de tous les moyens « d'accélérer la chute de Bonaparte, qu'on s'occupe « surtout de le faire tomber autant et plus par les « Français que par les Étrangers ; qu'on organise de « puissantes diversions. La France sait que le roi n'a « pas appelé l'étranger. C'est Bonaparte qui attire « sur nous ce nouveau fléau. L'Europe cherche son « propre salut ; notre intérêt n'est pour elle que très « secondaire, elle ne l'a que trop prouvé ; sauvons-« nous, autant que faire se pourra, par nous-mêmes. »

Cette manière de penser n'était pas particulière au

(1 et 2) *Mémoires du baron Hyde de Neuville,* tome II, pages 77 et suiv.

baron Hyde de Neuville. Elle flottait un peu partout dans l'air ambiant de la politique. On la rencontrait dans les discours, mémoires, correspondances ou rapports des diplomates du temps.

« Après avoir lu la déclaration que votre Majesté a dernièrement adressée à ses sujets, écrivait Talleyrand (1), les souverains m'ont encore dit qu'ils avaient remarqué avec regret une phrase où votre Majesté fait entendre, quoique avec beaucoup de ménagements, qu'elle s'est soumise à accepter leurs secours... » Ainsi les souverains, qui allaient ramener Louis XVIII en France après Waterloo, comprenaient eux-mêmes, et peut-être mieux que leur protégé, que la seconde Restauration ne devait pas paraître imposée par les victoires des Alliés.

Après cette leçon de patriotisme donnée par l'Étranger, c'était encore dans la correspondance d'un diplomate au service de la Russie que le monarque détrôné trouvait des raisons de fonder quelque espoir de retour aux Tuileries sur le dévoûment de ses sujets.

« Le roi, écrivait Pozzo di Borgo (2), est vraiment attendu par une grande partie de la population en Flandre, en Artois, en Picardie ; les communications qui existent avec ces provinces sont plus immédiates, et on peut en juger avec connaissance de cause. On espère des mouvements dans les autres parties de la France, dès que les hostilités commenceront, surtout

(1) *Mémoires*, t. III, p. 221-224.

(2) *Correspondance*, t. I, p. 123.

en Normandie, en Bretagne, à Bordeaux et dans le Midi. ».

Un rival lui-même, le duc d'Orléans, dans lequel on voyait déjà un prétendant, conseillait à Louis XVIII, puisque la coalition se plaisait à déclarer qu'elle agissait dans son seul intérêt, de se tenir à l'écart, dans la neutralité, pour ne pas s'exposer au grave reproche d'avoir provoqué l'invasion de la France (1).

Mais les vrais amis, les dévoués partisans de la branche aînée des Bourbons, ceux qui venaient de se compromettre pour elle dans la vaine tentative de résistance à la marche de l'Empereur sur Paris, ceux-là ne se contentaient pas de recommander au roi une prudente réserve. Ils l'invitaient à l'action et lui demandaient de soutenir, de son autorité morale, l'effort qu'ils allaient faire pour le replacer sur son trône.

Un des plus fervents de ces défenseurs de la monarchie légitime était le comte de Guernon-Ranville, alors âgé de 27 ans, c'est-à-dire dans la force de la jeunesse et de l'ardeur des convictions. Après avoir ramené à Moult, près de Caen, et congédié la compagnie de volontaires qu'il avait menée à Évreux, il se vit choisi par les anciens chefs royalistes pour se rendre à Gand auprès du Roi, avec mission de faire approuver à Louis XVIII le projet qu'ils avaient formé de tenter une descente sur les côtes de Normandie.

Parvenu à Gand le 17 mai, le comte de Guernon

(1) *Histoire de la Restauration*, par de Viel-Castel, t. III, p. 71.

Ranville y apprit que le duc d'Aumont, nommé commissaire extraordinaire du Roi, s'occupait déjà de préparer une expédition dans la quatorzième division militaire. Cette nouvelle le remplit de joie et le confirma dans sa résolution de se faire le porte-parole de ses coreligionnaires politiques.

Rapidement, au courant de la plume, il rédigea un rapport qu'il confia à M. le comte de Lally-Tollendal, avec prière de le mettre sous les yeux du Roi. Cette pièce, curieuse à plus d'un titre, débute par une apostrophe à Louis XVIII, où se remarque l'exubérance d'un âge qui, tout en étant respectueux, se permet toutes les audaces. « Au moment, dit-il (1), où les puissances alliées sont sur le point de porter le grand coup, qui doit couronner la plus sainte des ligues, la France entière ose espérer que son Roi ne lui fera pas l'affront de se laisser replacer sur son trône par des mains étrangères, lorsque des millions de sujets fidèles veulent consacrer leurs bras à cette noble victoire, qui peut seule réhabiliter l'honneur national aux yeux des peuples et de la postérité... »

Après avoir donné hardiment cette leçon, l'ardent royaliste développe une idée qui, décidément, comme nous l'avons déjà pu constater, hantait tous les esprits à cette heure, tant en France qu'au dehors.

« Les Français veulent combattre pour le Roi en première ligne; ils ne veulent voir dans les étrangers que des *auxiliaires;* ils recevront leur appui

(1) Manuscrit Hautefeuille.

avec reconnaissance, mais ils ne leur abandonneront pas la gloire de relever le trône de Henri IV... Si les étrangers seuls ramènent le roi dans sa capitale, l'honneur national est anéanti pour jamais; nos enfants rougiront d'être Français, et le mépris du monde deviendra le partage du peuple le plus fait pour commander l'estime... Quelle différence dans notre situation et dans notre avenir si le Roi, profitant de l'amour sans bornes, de l'espèce de culte que lui ont voué les Français, consent à leur fournir les moyens de le servir dans l'intérieur... Une armée immense aux couleurs royales recevra les Alliés, non comme des protecteurs, qui peuvent tout entreprendre impunément, mais comme des amis avec lesquels le Roi pourra traiter d'égal à égal. »

Et, comme moyen, pour arriver à ce but glorieux, le jeune Normand, après avoir dit ce qu'on pouvait attendre du Midi, du Nord et de l'Ouest soulevés, recommande sa province comme point de ralliement, à l'exemple du duc d'Aumont, qu'il se proposait d'ailleurs de rejoindre.

« Pour allumer cet incendie, poursuit-il, il faut une étincelle. il faut un point central d'insurrection d'où partiront les ordres, où pourront se réunir tous les efforts. La Normandie, plus qu'aucune autre province, présente ce point essentiel. Ses richesses, ses ressources de tout genre, sa proximité de la capitale, la facilité d'y opérer un débarquement, tout réclame pour elle l'honneur d'être le foyer du soulèvement général. »

Pour former le noyau de l'armée insurrectionnelle,

le comte de Guernon-Ranville conseille l'emploi de douze ou quinze cents nobles de la Maison du Roi, qui ne manqueraient pas d'attirer sous leur drapeau tous les nobles du Royaume. Ce serait, en outre, d'après lui, un moyen « de réhabiliter la noblesse aux yeux de la nation, et d'établir, en quelque sorte, un pacte d'alliance et d'estime entre les nobles et le peuple, indisposé par les agitateurs contre la classe appelée *privilégiée.* »

Quant au moment où devrait, selon lui, éclater l'insurrection. le capitaine des volontaires du Calvados s'exprime ainsi : « Il est essentiel que les mouvements de l'insurrection proposée se combinent avec ceux des Alliés, de telle sorte que le premier coup de canon tiré à la frontière serait le signal de la levée de boucliers en Normandie et dans les autres provinces. Bonaparte et ses légions, occupés alors, ne pourront s'opposer aux efforts de l'intérieur, et Paris aura arboré le drapeau blanc avant qu'aucune mesure ait pu être prise pour comprimer les mouvements de la nation. Plus tôt, une pareille entreprise pourrait être combattue et peut-être déjouée ; plus tard, Bonaparte se serait déjà retiré sur Paris ; et qui sait si, dans le désespoir de sa cause, il ne voudrait pas tenter de s'ensevelir sous les ruines de la capitale ? »

Pendant que le roi lisait ce mémoire, écrit avec une crânerie toute juvénile, le baron Hyde de Neuville, retourné à Londres le 9 mai, obtenait une audience de la duchesse d'Angoulême. Madame le retint longtemps et le questionna, particulièrement au sujet de la diversion projetée sur une des provinces, à l'ouest de la France, tandis qu'un mouvement européen contre Bonaparte aurait lieu en Belgique (1).

L'héroïne de Bordeaux ne cacha pas au baron de Neuville qu'elle était favorable à ce projet. Mais, comme elle tenait encore à s'éclairer, elle lui demanda de lui présenter un rapport sur cette question.

Dans ce mémoire, qu'il écrivit pour Madame, le diplomate exposa de nouveau ses idées sur la nécessité de donner un caractère général au soulèvement des différentes provinces de France.

« Tout est préparé, y disait-il entre autres choses (2), les provinces sont dans les meilleures dispositions ; ce qu'on doit craindre, ce sont des insurrections partielles et précipitées. Ce qu'on doit bien vite organiser, c'est une insurrection générale et qui corresponde avec le mouvement des Alliés. Jusqu'ici il n'y a pas eu assez d'ensemble dans les projets de diversion présentés, soit à Gand, soit à Londres. »

Cette dernière critique semblait viser le duc d'Aumont. Et celui-ci ne s'y méprit pas ; car, au dire de la duchesse d'Abrantès (3), il entra dans une violente colère. Que voulait donc ce diplomate ? Avait-il la prétention de lui apprendre son métier de soldat ?

Si l'on n'eût considéré que l'intérêt de la cause du Roi, le baron Hyde de Neuville avait mille fois raison. Mais, dans les objections de l'homme politique, le chef militaire ne voyait qu'une entrave à une ex-

(1) *Mémoires du baron Hyde de Neuville*, t. II, p. 86.

(2) *Mémoires*, t. II, p. 87.

(3) *Mémoires sur la Restauration*, t. III, p. 139.

pédition qu'il croyait sur le point d'aboutir. On lui avait déjà promis de joindre à ses volontaires 12,000 Suédois qui attendaient, dans l'île de Wight, le moment de s'embarquer avec lui pour la Normandie. On lui avait aussi laissé entendre qu'on lui amènerait un régiment d'artillerie composé des débris d'anciens corps d'émigrés. Et la duchesse d'Angoulême paraissait elle-même si chaudement approuver les projets du duc d'Aumont, qu'elle commençait à broder en or, de ses propres mains, un drapeau blanc, orné de fleurs de lys, d'une couronne de lauriers et de cette devise : *Le Roi, l'Honneur et la Patrie*, avec cette dédicace : *Marie-Thérèse aux braves Neustriens* (1).

Cette dernière partie de l'inscription ne permettait plus le moindre doute sur les intentions de la duchesse d'Angoulême, qui ne pouvait affirmer plus solennellement son désir de voir réaliser une descente sur le littoral normand. Mais le duc d'Aumont ne se sentait pas encore rassuré, et ce fut pour lui une cruelle déception lorsqu'il entendit Madame insister auprès du baron Hyde de Neuville, pour que celui-ci l'accompagnât à Gand.

Partie le 29 mai, la duchesse d'Angoulême ne fit

(1) *Un mot sur l'expédition de M. le duc d'Aumont, par Madame Adelle* (sic) *R..... de B...y*. Paris, Sétier, in-8° de 40 pages. Brochure rarissime écrite par Madame Rochelle de Brécy, qui fit partie de l'expédition du duc d'Aumont. Comme nous citerons souvent cet ouvrage, nous le désignerons ainsi : *Un mot*.

qu'un bref séjour en Belgique, où son cœur, tout français, souffrait du passage continuel des troupes étrangères qui s'y concentraient pour se mesurer contre les armées impériales. Elle revint à Londres, dans les premiers jours de juin, munie des pouvoirs nécessaires que lui avait conférés le roi pour tout ce qui concernait les intérêts des royalistes, armés dans les provinces de l'Ouest.

C'était, en somme, la consécration du plan adopté par le duc d'Aumont. Celui-ci n'avait donc plus rien à redouter des vastes combinaisons projetées par le baron Hyde de Neuville. Dans ses conférences avec Louis XVIII, la duchesse d'Angoulême avait dû être initiée au secret des embarras de la cour de Gand. Beaucoup de discours, de rapports, d'articles de journaux et de promesses en partaient quotidiennement, pour échauffer le zèle des partisans d'une seconde Restauration. Mais, en réalité, la pénurie d'hommes n'avait d'égale que la disette d'argent. Les 12.000 Suédois, par exemple, et le régiment d'artillerie annoncés ne figuraient que sur le papier. Il fallait donc se contenter des bonnes volontés connues et en tirer le meilleur parti possible. La vaillante duchesse d'Angoulême, dont Napoléon avait dit : « C'est le seul homme de la famille », savait pertinemment ce que l'on peut oser avec du courage et de l'audace. Pleine de confiance dans le duc d'Aumont, qui avait fait ses preuves, elle conseilla à Louis XVIII de laisser à ce gentilhomme toute liberté d'action sur sa petite troupe, et de mettre la diplomatie à son service dans la personne du baron Hyde de Neuville.

Un ordre du duc de Feltre, ministre de la guerre, annonça en effet au baron que, par une ordonnance du 7 juin, il avait été nommé commissaire du Roi « pour être employé dans la 14e Division militaire, sous les ordres de M. le duc d'Aumont, commissaire extraordinaire du Roi dans la dite division. »

A ce moment, Louis XVIII paraissait avoir, dans l'issue de l'expédition du duc d'Aumont, une telle confiance, qu'il la voyait déjà faciliter l'accès de Paris au diplomate qu'il lui avait attaché. Le 13 juin, il adressait au baron Hyde de Neuville (1) des instructions, écrites et signées de sa main, qui commençaient ainsi : « Dès que M. Hyde de Neuville, commissaire du Roi, apercevra la possibilité de rétablir et de faire reconnaître dans Paris l'autorité du Roi, ou d'opposer avec succès cette autorité à celle de l'usurpateur, il se concertera avec les personnes qui lui seront incessamment indiquées, et qui, munies comme lui de pouvoirs à cet effet, formeront à l'instant même une commission extraordinaire de cinq, sept ou neuf membres. Quelques-uns desdits membres de la commission pourront être chargés provisoirement de la direction de différents ministères. »

Avant le départ du baron, Louis XVIII voulut le voir (2) et laissa échapper devant lui ces paroles : « Tout plutôt que ce qui avilirait ma cause. »

Dès qu'il fut arrivé à Londres, Hyde de Neuville se mit aux ordres de la duchesse d'Angoulême, qui,

(1) *Mémoires*, t. II, p. 94.
(2) *Mémoires*, t. II, p. 97 et 98.

avec sa résolution habituelle, lui donna, en vertu des pouvoirs que lui avait accordés le roi, un mot de sa main pour l'accréditer auprès de tous les agents royalistes dû continent. « Gagnez le Havre, lui dit-elle (1), pour vous entendre avec le duc d'Aumont, quitte, si les circonstances le demandent, à changer de direction. »

Le duc d'Aumont s'étant embarqué dès les premiers jours de juin, Madame pensait sans doute qu'il devait déjà être arrivé en Normandie. Mais les événements en avaient décidé autrement. Après avoir laissé à Londres le chevalier Rochelle de Brécy, chargé d'y recevoir les officiers de bonne volonté qui se présenteraient; après avoir envoyé à Jersey, lieu du rendez-vous général, le comte de Macnamara, avec cinquante hommes montés sur la frégate l'*Eurialus*, et confié à un ancien lieutenant de la marine royale, M. Bourdé de Vilhuet, le soin de surveiller, à Portsmouth, l'embarquement des détachements de volontaires, le duc avait pris lui-même la mer sur un brick de la marine anglaise, nommé la *Cordelia*. Il n'avait à son bord que dix personnes, parmi lesquelles son premier aide de camp, le comte de la Barthe, et Madame Rochelle de Brécy, historien d'une expédition dont elle avait voulu courir les hasards.

« Ce fut à Portsmouth, dit-elle dans son récit, que nous nous embarquâmes à trois heures après midi; malheureusement le vent ne nous seconda point; le

(1) *Mémoires*, t. II, p. 97 et 98.

pilote n'avait jamais navigué dans ces parages et l'on se trouva, le quatrième jour, renfermé au milieu des rochers qui avoisinent les îles de Guernesey et de Jersey, et qui en rendent l'approche dangereuse. On tira le canon pour appeler un pilote de Guernesey, et, ne pouvant être entendu, il fallut se résoudre par prudence à passer une nuit très pénible sur les ancres ; mais les procédés aimables du capitaine Surgeon envers les Français qui étaient sur son bord, et l'exemple de courage et de gaîté que donnait Monsieur le Duc, qui souffrait sans se plaindre, faisaient tout supporter aisément.

« Je l'avouerai : j'observais ce seigneur avec une vive curiosité ; je voulais me convaincre par moi-même de tout le bien qu'on en disait. Mais bientôt je ne ressentis plus que de l'admiration quand je le vis s'oublier toujours pour les autres, ne vouloir jamais qu'on s'occupât de lui, soigner les malades sans souffrir qu'on le soignât lui-même. A force de complaisance, il était le plus mal logé et le plus mal couché du bord ; pendant toute la route il fut constamment d'une politesse franche, d'une simplicité charmante, d'une discrétion unique et d'une dignité parfaite ; rempli d'instruction, causant bien, contant avec grâces, il rendait les réunions des repas excessivement agréables. C'est dans le rapprochement que nécessitent ces sortes de voyages, qu'on peut le mieux juger les hommes ; aussi est-ce dans celui-là, qu'outre l'estime que méritent les principes politiques et les faits militaires de Monsieur le Duc d'Aumont, je me suis convaincue que l'excellence de son caractère et de son cœur lui attirera partout le respect général, et lui fera de vrais amis, prêts à se dévouer pour lui dans toutes les circonstances.

« Le lendemain il nous vint un pilote qui, par un bon vent, nous conduisit dans la rade de Jersey. Il nous fallut faire deux milles jusqu'au port par une pluie battante sur une petite barque tellement chargée qu'elle n'avait pas six pouces de bord hors de l'eau.

« En arrivant à Jersey, M. le général Duc, mouillé jusqu'aux os, mais très satisfait d'approcher du but, fut salué par le comte de Macnamara et les volontaires royaux qui l'attendaient avec impatience et le revirent avec joie. »

Dès le lendemain de son arrivée, le duc donna audience aux principaux chefs royalistes qui l'avaient précédé à Jersey. Le comte de Frotté, qui se berçait de l'espérance assez chimérique de lever une armée de 10,000 hommes, lui rendit compte de ses démarches auprès du gouvernement anglais pour obtenir des armes et des munitions. On lui présenta aussi le fameux Michel Moulin, plus connu de ses compagnons d'armes des grandes guerres de la chouannerie sous le surnom de Michelot, qui l'informa des dispositions qu'il avait déjà prises pour protéger le débarquement projeté sur la côte de Normandie.

Après avoir approuvé et remercié ces fidèles serviteurs de la cause royaliste, le duc procéda à l'enrôlement de tous les Français qui voulaient faire partie de l'expédition. Il en forma deux compagnies, l'une de cavalerie qui eut M. Eugène d'Hautefeuille pour capitaine ; l'autre d'infanterie, commandée par M. de Grimaldi, aide de camp et parent du prince de Condé, avec Michel Moulin pour lieutenant. Impossible d'imaginer une troupe plus soigneusement triée sur le volet. On y comptait 45 ou 46 officiers supérieurs, colonels, lieutenants-colonels, et chefs de bataillon. « Le reste de la compagnie, ajoute assez ironiquement Moulin dans ses *Mémoires* (1), était composé de capitaines ou de lieutenants; car tous étaient officiers, ou du moins se disaient tels. »

Ce corps d'élite avait été, en grande partie, recruté parmi les quatre-vingts officiers de la maison du Roi, embarqués à Ostende (2) sous les ordres du maréchal de camp Saint-Simon, neveu du grand d'Espagne de ce nom. Dès que cet officier supérieur eut pris le commandement de la petite armée, il la réunit dans les casernes de Grouville, où elle resta dans l'oisiveté pendant trois semaines.

Moulin, l'homme aux aventures extraordinaires, aux évasions héroïques, ne comprenait rien à cette inaction, et en souffrait. Il demanda au duc d'Aumont l'autorisation de passer en Normandie, où il se faisait fort de lever en huit jours une troupe de 3,000 hommes, armés de 1,500 fusils. Il ajoutait qu'il se chargeait de les conduire au lieu du débarquement, si toutefois le duc s'engageait à l'effectuer entre Coutances et Avranches. Et le duc se contenta de répondre qu'il y penserait.

(1) *Mémoires de Michel Moulin sur la chouannerie normande, publiés pour la Société d'histoire contemporaine.* Paris, Picard, 1893, p. 378.

(2) Manuscrit Hautefeuille.

« Enfin, s'écrie Moulin avec un soupir de soulagement, nous apprîmes la nouvelle de la bataille de Mont-Saint-Jean. Cet heureux événement nous stimula un peu ; le jour même, M. le duc d'Aumont réunit plusieurs officiers en conseil pour décider avec eux le point de la côte de Normandie le plus propre au débarquement de son armée, qui était, comme je l'ai dit, composée de 133 hommes. MM. de Hautefeuille, de Grimouville, et plusieurs autres opinèrent pour que le débarquement eût lieu sur les côtes des environs de Caen, faisant entendre à M. le duc d'Aumont que toute cette ville serait pour nous. Il fut donc arrêté dans ce conseil qu'on débarquerait entre Caen et Bayeux. Un des officiers appelés au conseil, qui avait de grandes connaissances en fait d'opérations de ce genre, représenta vainement les dangers auxquels on serait exposé en descendant avec 130 hommes dans la plaine de Caen, où la cavalerie, qui se trouvait dans cette ville, pouvait les sabrer presque aussitôt qu'ils seraient débarqués. Comme ses représentations n'eurent aucun effet, cet officier vint me trouver dès qu'il fut sorti du conseil, et me dit ce qui venait de se passer, en me priant d'en parler à M. le duc : peut-être écouterait-il les observations que je pourrais lui faire là-dessus. Je me décidai à lui en dire ma façon de penser. En l'abordant, je lui dis : « Monseigneur, j'ai appris avec bien de la peine que le conseil a décidé qu'on débarquerait sur les côtes de Caen. L'expérience de six ans de guerre, dans le même pays et du même genre que celle que nous allons faire, m'a assez prouvé que les pays de plaine et les grandes villes étaient nos tombeaux. Permettez-moi, Monseigneur, de vous prédire que nous serons écrasés dès le jour de notre débarquement, si nous l'effectuons dans les environs de Caen et de Bayeux. » Je lui renouvelai la proposition que je lui avais faite à son arrivée à Jersey, d'aller en Normandie et de réunir tout ce que je pourrais de royalistes pour les conduire au lieu de son débarquement s'il voulait l'effectuer, comme j'avais déjà eu l'honneur de lui dire, entre Coutances et Avranches. Dans le pays du Bocage, nous pourrions facilement éviter de nous battre contre des forces trop évidemment supérieures en nombre; et avec les armes et les munitions que le gouvernement anglais avait mis à sa disposition, nous pourrions, sous très peu de jours, avoir une armée respectable. M. le duc me fit la même réponse qu'il m'avait faite la première fois : il me dit *qu'il y penserait.* »

L'ancien chef de chouans était absolument dérouté par cette nouvelle fin de non-recevoir. Le vieux brave ne savait que se dévouer, et n'en trouvait même plus l'occasion. Le duc d'Aumont, qui avait ses raisons pour temporiser, s'effraya-t-il de ce zèle intempestif? Eut-il la crainte d'être mal jugé par ce vaillant? Redoutait-il ce qui pourrait résulter du mécontentement d'un chef, que ses exploits avaient rendu populaire dans le camp royaliste. Ou bien, lui faisant l'honneur de le croire plus intelligent qu'il ne l'avait tout d'abord soupçonné, eut-il peur, lui l'habile politique, de laisser deviner son jeu?

Ce qu'il y a de sûr, c'est qu'il fit appeler Moulin

dès le lendemain matin, pour lui donner l'ordre de se rendre en Normandie. Et, comme s'il eût voulu s'en débarrasser le plus tôt possible, il ne lui accorda qu'une demi-heure pour faire ses préparatifs de départ.

Moulin ne prit que le temps de changer de vêtement et d'embrasser sa femme, qui était plus morte que vive en songeant aux dangers que son mari allait courir. Car elle n'ignorait pas que la tête de l'ancien chouan avait été mise à prix par le gouvernement impérial (1).

Avant de s'embarquer, il a un dernier entretien avec le duc d'Aumont qui lui dit que, sous peu de jours, il recevrait de sa part des ordres, lui indiquant où il devrait le rejoindre avec les hommes qu'il aurait réunis en grand nombre, le plus promptement possible. Comme Moulin fait observer qu'il lui faudrait de l'argent pour accomplir sa mission, le duc lui met dans la main cinq pièces de vingt francs.

Voilà donc Moulin parti de Jersey, le 3 juillet, avec cent francs dans sa poche pour lever en Normandie une armée au nom du roi ! Et il le fait pour-

(1) Vire, 8 décembre 1830. Lettre d'un maréchal de logis à M. le capitaine de gendarmerie du Calvados :

« ... Michel Moulin, dit *Michelot*, fut l'espion des Bourbons près le gouvernement impérial en 1812, 1813 et 1814. Il a voyagé en France pour préparer, avec un autre misérable comme lui, une descente sur les côtes de Cherbourg, où le duc de Berry devait commander.

« Le gouvernement impérial attachait, à cette époque, beaucoup de prix à son arrestation, puisque sur les indices qu'il était débarqué sur cette côte et, connaissant sa mission, il promit 100.000 francs à qui le livrerait. » *Archives du Calvados.*

tant, comme il l'a promis, au grand déplaisir de celui qui l'avait envoyé quelque peu au diable, pour s'en débarrasser. Avec une ardeur qu'il sait communiquer aux autres, il parcourt le territoire que le comte de Frotté avait soulevé pendant la guerre des Chouans. Partout il donne des ordres pour former les divers rassemblements, afin de pouvoir, en vingt-quatre heures, faire de toutes ces compagnies, depuis Avranches jusqu'à Flers, une réunion générale. Tant et si bien qu'en deux jours il réussit à enrôler 4,500 hommes, qui n'attendaient qu'un signal pour se concentrer et rejoindre le duc d'Aumont.

Dans l'entre-temps, il fit la rencontre d'un certain M. du Hamel qui, arrivant directement de Caen, se croyait en mesure de lui donner les détails les plus circonstanciés sur l'importance de la garnison de cette ville. Suivant ce personnage, le général Vedel, qui y commandait pour l'Empereur, pouvait disposer de 4,200 hommes de cavalerie et de 3,000 d'infanterie (1). S'il débarquait dans les environs de Caen, le duc d'Aumont irait donc au-devant d'une mort certaine. Pas un de ses soldats n'en réchapperait, et ceux qui ne seraient pas tués seraient inévitablement faits prisonniers par les chasseurs de Vedel. Effrayé, le bon Moulin s'empressa d'informer le duc d'Aumont des dangers auxquels il allait s'exposer. En bon tacticien des guerres de la chouannerie, il lui conseilla encore de renoncer à son expédition sur le littoral

(1) *Mémoires de Moulin*, p. 382-383.

du Calvados, et de rassembler ses troupes dans le Bocage, où il pourrait facilement éviter d'en venir aux mains, tant que son armée ne serait pas de force à se mesurer avec celle de Vedel.

Le duc d'Aumont dut bien s'amuser des folles terreurs de son lieutenant, un naïf des temps héroïques de la chouannerie, qui, sincère et ignorant des mystères de la politique, se croyait encore à la veille de verser son sang pour le rétablissement de l'autorité royale. A Jersey, dans l'entourage du duc, on ne prenait pas les choses au tragique, comme le trop zélé Moulin « Jamais expédition, dit en effet le narrateur officiel (1) des faits et gestes du duc d'Aumont, ne se fit avec autant de gaîté » Toute la noblesse désœuvrée qui attendait l'heure, toujours remise, du départ, cherchait une distraction dans les plaisirs de toute sorte. Il y avait fêtes continuelles dans l'île anglaise, comme il devait y en avoir bientôt, lorsqu'on aurait débarqué en France, au camp de Livry, voisin de Bayeux.

L'arrivée de la marquise d'Aumont, belle-fille de Monsieur le Duc, qui apportait le drapeau blanc brodé en or par la duchesse d'Angoulême, fut encore le prétexte d'une nouvelle cérémonie Celle-là du moins eut un caractère presque religieux. « On se rendit aux casernes de Grouville, dit Madame Rochelle de Brécy, avec toute la pompe que ce lieu permettait. Le gouverneur et l'amiral, le corps des officiers du 7e régiment anglais formant la garnison de l'île, et

(1) *Un mot*, par Mme Rochelle de Brécy, p. 19.

toutes les personnes marquantes, étrangères et du pays, s'y trouvèrent. Le drapeau blanc fut béni par Monsieur l'abbé de Grimouville, aux cris mille fois répétés de *vive le Roi*, *vive Madame*, *vivent les Bourbons !* et aux sons des airs chéris du *God save the king* et de *Vive Henri quatre*. Un discours qui retraçait aux Français leurs devoirs, les droits, les malheurs et les vertus de nos princes et les dangers d'une patrie qu'il fallait arracher à la tyrannie, compléta cette scène et fit verser des pleurs à tous ceux qui en furent les objets et les témoins. »

On était au 5 juillet. Waterloo datait de 17 jours, et Louis XVIII était déjà sur la route de Paris. On ne pouvait attendre plus longtemps sans manquer le but de l'expédition, et laisser deviner le secret de la comédie. Le soir même du jour où l'on avait béni solennellement le drapeau blanc de Madame, le duc d'Aumont donna le signal du départ.

Au moment de s'embarquer, le duc choisit parmi ses volontaires ceux qui devraient monter avec lui sur la petite flottille anglaise, composée de la corvette la *Bermuda*, du *Raisonneur* et de deux bâtiments de transports. Il n'en garda que cent trente, et ce nombre parut si dérisoire à l'amiral anglais, Pimentel, et au gouverneur de Jersey, Turner, que ceux-ci, blâmant une pareille témérité, regardaient cette descente aventureuse comme un coup de tête. Mais l'exaltation et la belle humeur étaient si grandes dans la petite troupe que le général Saint-Simon s'écriait : « N'eussé-je que vingt hommes je marcherais sur Paris ! »

La plupart de ces vaillants officiers, qui partaient avec un si bel enthousiasme, pouvaient en effet se croire des héros, et leur illusion eut son écho rétrospectif jusque dans ce passage de leur historien, où Madame Rochelle de Brécy écrit, en parlant de l'expédition, qu'elle était « digne des anciens temps de la chevalerie par la noblesse de sa cause, le danger qu'elle présentait et le petit nombre de braves qui en faisaient partie. »

En faisant ce dithyrambique éloge des officiers montés sur la flottille en partance, l'écrivain se moquait effrontément du lecteur et des honorables royalistes, qu'elle ne louait que pour exalter les mérites du chef de l'expédition. Connaissant parfaitement le dessous des cartes, elle avait les meilleures raisons du monde de ne pas prendre l'aventure au sérieux. Et ce ne fut pas sans une folle envie de rire qu'elle dut, initiée comme elle l'était aux mystères du commandement, entendre les acclamations qui saluèrent le départ de ces braves, persuadés peut-être qu'ils allaient risquer leur vie pour le rétablissement de la royauté.

La preuve de cet état d'esprit n'est pas difficile à trouver chez l'auteur féminin de l'odyssée du duc d'Aumont. Elle saute aux yeux dans un passage du livre, où l'écrivain se met naïvement en contradiction avec le ton général d'une œuvre destinée à célébrer et à faire valoir, surtout aux yeux du roi rétabli (1), les exploits du promoteur de la descente en Normandie.

Voici à quelle occasion. Du village d'Arromanches,

(1) La brochure de 40 pages intitulée : *Un mot sur l'expédi-*

où la flottille avait abordé dans la nuit du 7 juillet, le commandant du navire anglais le *Blunker*, James Stirling, mal informé, avait écrit, dans un rapport adressé à Jersey, que le duc d'Aumont et quatre de ses officiers avaient été blessés auprès de Bayeux par des cavaliers de Vedel. La nouvelle était absolument fausse; mais, comme on ne pouvait le savoir à Jersey, elle y causa une vive émotion, qui amena Madame Rochelle de Brécy à nous faire, dans son mémoire, l'étonnant aveu que voici :

« Ces lettres, dit-elle en parlant des rapports en« voyés par les deux commandants des vaisseaux « anglais, causèrent un autre genre de trouble à Jer« sey, bien plus cruel que nos premières inquiétudes. « Le duc s'y était fait aimer sans aucun effort, plu« sieurs officiers y avaient laissé leurs familles ; le « capitaine Stirling ne s'expliquant ni sur la gravité « de la blessure du général, ni sur les noms des qua« tre officiers, l'intérêt particulier s'unit alors à l'in« térêt de la cause, ce qui n'était encore entré dans « la tête de personne avant comme après le départ « de l'expédition ; les partans pas plus que les res« tans *n'avaient pas eu l'idée qu'aucun des premiers « eût quelques dangers à courir.* »

Nous voulons croire que l'auteur, dans cette naïve confession, calomnie un peu son parti. Que plusieurs personnes, elle-même, le duc d'Aumont, et peut-être

tion du duc d'Aumont, fut publiée en 1816, à l'heure où les dévoûments, plus ou moins authentiques, réclamaient leur récompense auprès du pouvoir restauré.

quelques chefs, connaissant la vraie situation du Calvados, aient eu la certitude que l'expédition, simple promenade militaire, y serait reçue, sinon les bras ouverts, au moins sans coups de fusil, nous n'en doutons pas. Mais nous pensons, jusqu'à preuve contraire, que beaucoup de volontaires s'imaginaient avoir à livrer plus d'un combat, avant de s'installer en vainqueurs au centre de la Basse-Normandie.

Quant au duc d'Aumont, s'il s'était opposé avec énergie au projet d'opérer le débarquement entre Coutances et Avranches, c'est qu'il savait que plusieurs de ses émissaires avaient tenté vainement d'y aborder. Le pays était bien gardé, tandis que la vaste plaine qui s'étend entre le littoral et la ville de Caen, s'offrait sans défense aux entreprises de celui qui aurait le premier l'audace d'y planter le drapeau blanc. Ce n'étaient pas les rares douaniers, restés fidèles, qui pourraient arrêter l'élan des populations prêtes à suivre les couleurs du roi. Quant à l'état d'esprit de Vedel et aux forces dont il pouvait disposer, il y avait longtemps, comme nous allons le voir, que le duc d'Aumont savait qu'il n'en avait rien à craindre.

III

Depuis son arrivée à Londres, après le 21 mars, le duc d'Aumont n'avait pas cessé un seul instant d'être en communication avec le continent. Il est vrai que son aide de camp, M. le Sens de Folleville, après plusieurs voyages heureux, s'était fait arrêter le 28 avril par les douaniers à l'embouchure de l'Orne, au moment où il débarquait d'un brick anglais (1). Mais sa mésaventure dut servir de leçon aux agents royalistes, qui faisaient constamment la navette entre la France et l'Angleterre. Car, au lieu de s'exposer à être surpris en descendant ostensiblement d'un navire étranger, ils abordaient au rivage, ou s'en éloignaient, sur des barques de pêcheurs français.

Leur manœuvre ne pouvait cependant rester longtemps inaperçue, et le sous-préfet de Pont-l'Évêque fut, croyons-nous, le premier à s'en plaindre.

« Je suis informé, écrivait-il (2) au préfet le 31 mai, d'une manière très positive, qu'à Honfleur une grande quantité d'émigrés s'embarquent pour l'Angleterre à bord des petites barques de pêche, sous le prétexte spécieux de se rendre au Hâvre, après le départ du passager qu'ils annoncent avoir manqué. Au lieu de se rendre au Hâvre, les pêcheurs les transportent en mer et les déposent à bord des croiseurs anglais. Ces émigrations sont très-certaines et très-dangereuses, en ce sens que les émigrés, après avoir fait en Angleterre ce que peut (*sic*) leur suggérer leurs principes vicieux et leur haine pour la patrie, trouvent, pour y rentrer, les mêmes facilités que pour en sortir... »

Immédiatement le préfet, effrayé, prend un arrêté en date du 1er juin pour « défendre aux capitaines de

(1 et 2) *Archives du Calvados* : Police des Côtes.

barques de pêche, et autres embarcations, de recevoir à leur bord aucun passager à moins qu'il n'y soit spécialement autorisé... »

Et la surveillance s'exerce si activement que, dès le 3 juin, capture est faite, par une péniche française, d'une barque de pêcheurs contenant 10 à 12 émigrés, qui furent arrêtés et enfermés dans la prison du Hâvre.

Ces mesures de rigueur exaspérèrent tellement la population du littoral que le pouvoir central s'en émut. On n'était plus au temps où l'Empire autoritaire exécutait ses adversaires sans jugement, ou les jetait — ce qui n'était souvent qu'une mort plus lente — dans quelque cachot de forteresse. L'Empire de *l'acte additionnel* s'exerçait à la conciliation et, comme il n'avait pas assez de colonnes mobiles pour donner la chasse aux réfractaires, il essayait de persuader aux gens récalcitrants qu'ils avaient tout intérêt à se faire tuer pour son salut.

Et voici, peu de jours après la publication de l'arrêté du préfet, en quels termes étonnants le gouvernement, par la voix d'un de ses hauts fonctionnaires militaires, s'ingéniait à faire sa paix avec les mécontents :

« J'ai l'honneur de vous prévenir, écrivait le maréchal de camp Boisserolles au major de cavalerie commandant l'arrondissement de Caen (1), que l'embargo est levé en faveur des seuls pêcheurs. Cepen-

(1) Lettre du 20 juin 1815. *Archives du Calvados*. Police des Côtes.

dant, avant d'accorder aux pêcheurs cette faveur, vous exigerez que les armateurs des bateaux pêcheurs donnent au commandant des postes leur parole d'honneur de se borner au service de la pêche et de ne souffrir qu'aucune correspondance avec l'ennemy extérieur, ou intérieur, se fasse par leur équipage. Vous ferez, de concert avec les autorités locales, un règlement qui, tout en régularisant l'usage de la faveur accordée par son excellence le ministre, garantisse que les bateaux pêcheurs ne serviront point à établir des relations entre l'Angleterre et les ennemis de la liberté et de l'indépendance nationale...»

Le duc d'Aumont et son entourage durent joliment s'égayer aux dépens du lion malade, faisant ainsi patte de velours et se contentant, pour se croire en sûreté, de la parole d'honneur de ses ennemis. D'ailleurs, ses agents, qui voyageaient entre les côtes anglaises et le littoral du Calvados, avaient mille ressources pour échapper à la surveillance de la police française. Dans les cas importants, ils ne craignaient pas de se risquer dans les parages en apparence le plus inaccessibles. C'est ainsi que, vers la moitié du mois de juin, plusieurs royalistes auraient osé choisir le rivage de Manvieux, plein de récifs et défendu par une haute falaise, pour emporter avec eux, dans une barque, une forte somme d'argent. Une sorte d'escalier naturel, tracé dans le roc et nommé dans le pays l'*Échelle de Manvieux,* à cause de sa pente vertigineuse, leur avait servi à descendre jusqu'au bord du flot.

L'événement fit assez de bruit pour arriver jusqu'aux oreilles du préfet, auquel on dénonça la conduite des douaniers d'Arromanches, que la municipalité de la commune aurait vainement requis de s'opposer à l'embarquement. L'affaire donna lieu à une enquête, et le rapport de l'inspecteur des douanes (1) blanchit naturellement les chefs et préposés de la brigade d'Arromanches. Mais, ce qui remit les choses à leur véritable point de vue, ce fut l'un des premiers actes de représailles exercés par le duc d'Aumont, lorsqu'il prit le commandement de la 14e division militaire. Dès le 13 juillet, c'est-à-dire quelques jours après son débarquement, il s'empressa de destituer, par un arrêté, les maire et adjoint d'Arromanches, pour les punir d'avoir, dans cette affaire, montré un zèle intempestif pour les intérêts de l'Empereur (2).

Si la brigade des douaniers d'Arromanches ne pactisait pas encore avec les royalistes, elle fermait volontiers les yeux sur leurs agissements. Et comment en eût-il été autrement ? Ce corps sédentaire, composé en grande partie d'hommes mariés, se voyait menacé dans ses privilèges les plus chers par les appétits de plus en plus insatiables du recrutement.

(1) Rapport de l'Inspecteur des Douanes au Préfet, du 25 février 1815. *Archives du Calvados*. — Secrétariat ; correspondance 1813-1815.

(2) Dans le registre des délibérations de la commune d'Arromanches, à la date du 23 juillet 1815, on trouve le procès-verbal de l'installation des nouveaux maire et adjoint, nommés par arrêté du duc d'Aumont, du 13 juillet.

Déjà en 1813, dans le pays normand, le mécontentement de ces pauvres diables, arrachés à leurs foyers par les nécessités de la guerre, s'était manifesté bruyamment. A Cherbourg, comme on essayait, conformément aux instructions de l'Empereur, de composer une division de douaniers destinés à partir pour la Hollande, vingt et un seulement consentirent à quitter la France. En peu de jours, cent dix donnèrent successivement leur démission, dans la crainte d'être appelés à un service actif au delà de la frontière. Pour ne point dégarnir la côte, le préfet du Calvados dut faire des concessions et prier les démissionnaires de rester à leurs postes jusqu'à remplacement (1).

Cet état des esprits dans le corps des douaniers ne fit que s'aggraver avec les désastres des dernières années de l'Empire, et les levées d'hommes nécessitées par le retour de l'île d'Elbe. Pour eux, plus de sécurité. S'ils avaient la chance de ne pas être appelés sous les drapeaux pour combattre l'Europe coalisée, ils ne pouvaient encore jouir d'une tranquillité complète. A chaque instant on les envoyait, par petits détachements, grossir le noyau des colonnes mobiles lancées à la poursuite des insoumis.

Les agents du duc d'Aumont, dans leurs fréquents débarquements sur les côtes normandes, n'avaient donc guère à se défier du corps des douaniers, chez lesquels ils trouvaient, sinon des complices, au moins des surveillants décidés à ne rien voir. Ils pouvaient

(1) Lettre du Directeur général des Douanes au Préfet du Calvados, datée de Paris, 19 mars 1813. — *Archives du Calvados*. Police des Côtes.

ainsi, sans grands risques, continuer à renseigner le chef de l'expédition sur la situation du Calvados.

Le duc d'Aumont d'ailleurs avait appris déjà, de la bouche même du chevalier de Guernon-Ranville, ce qui s'était passé à Caen et dans les environs, le lendemain de son départ pour l'Angleterre.

Menacés à Évreux, dans la soirée du 20 mars, par le dépôt du 4me cuirassiers et par un escadron de lanciers qui venaient à leur rencontre, les volontaires royalistes s'étaient repliés sur Lisieux, où le major de chasseurs, Provost, offrit à leurs officiers, au nom d'Augereau, la conservation de leurs grades dans l'armée de Bonaparte s'ils consentaient à arborer la cocarde tricolore. Mais la petite troupe, indignée, se remit en route aux cris de *Vive le Roi !* Quand elle entra dans le village de Moult, les mauvaises nouvelles, que l'on y reçut de Caen, décidèrent le chef de bataillon, Monsieur Alexis Dumesnil, à dissoudre le corps des volontaires, pour mettre ses hommes à l'abri des poursuites qu'on n'aurait pas manqué d'exercer contre eux. Il partit dans la nuit même pour la Vendée, laissant les pouvoirs au capitaine des grenadiers, le chevalier de Guernon-Ranville. Dans la matinée du 21, celui-ci réunit le bataillon et, après lui avoir fait renouveler son serment de fidélité au roi, lui ordonna de déposer les armes. Mais il eut la précaution de mettre de côté les meilleurs fusils, qu'il confia à des personnes dévouées, en y ajoutant un approvisionnement considérable de cartouches (1).

(1) Manuscrit Hautefeuille.

Aussi, quand le maréchal de camp Regnaud (1), commandant le département, voulut faire rentrer les munitions et effets dans les magasins de l'État, on ne trouva plus que de mauvaises armes et des gibernes vides ; la compagnie seule de M. Dumesnil se trouva redevoir 2,400 cartouches à balles. A Bayeux, quand le maire reçut l'ordre de faire les recherches nécessaires pour découvrir les sabres de cavalerie, qui pourraient se trouver dans la ville, il n'en fut déposé qu'un seul, par un capitaine en retraite (2). Et de même dans tout le département.

Le duc d'Aumont ne se réjouissait pas seulement de savoir en quelle mains sûres se trouvaient les armes que le gouvernement impérial faisait rechercher avec tant d'insuccès. Car, s'il était important pour lui de constater que rien ne manquerait aux soldats de la prochaine insurrection, il ne regardait pas comme moins heureux de pouvoir compter sur l'infériorité numérique de l'armée régulière qu'on serait en état de lui opposer. Sur ce point les renseignements qu'il recevait de ses correspondants, ou de ses agents, concordaient, et ne laissaient aucune place à l'inquiétude.

Dès le lendemain du 20 mars, malgré sa violente proclamation contre le drapeau blanc et ses basses tentatives pour rentrer en faveur auprès du gouver-

(1) Lettre du 27 mars au Préfet. — *Archives du Calvados.* R. : Volontaires royaux.

(2) Lettre du sous-préfet de Bayeux au préfet du Calvados, à la date du 6 juin. *Archives du Calvados :* Secrétariat ; 1815.

nement impérial. Augereau s'était vu remercié et remplacé, dans le commandement de la 14e division militaire, par le lieutenant-général comte de Vedel, un brave officier, qui avait conquis tous ses grades sur les champs de bataille de la Révolution et de l'Empire. En 1814, il avait accepté du service sous les Bourbons, qui l'avaient nommé chevalier de Saint-Louis et commandant de la 2e subdivision à Cherbourg. Pendant quelques mois, il avait donc été le collègue du duc d'Aumont, qui dut apprendre avec satisfaction la présence à Caen d'un chef militaire dont il avait quelques raisons de croire la nouvelle conversion facile.

Cependant, tout d'abord, le comte de Vedel parut prendre son rôle au sérieux. Dès qu'il fut en possession de son commandement, il se conforma scrupuleusement aux instructions du prince d'Eckmühl, ministre de la guerre, qui l'avait chargé de faire cesser toutes les levées d'hommes, ordonnées par l'ancien gouvernement, et de procéder à la réintégration, dans les arsenaux, des armes qu'on leur avait délivrées (1).

A la date du premier avril, il se préoccupait déjà des dangers que pourrait faire courir à la sûreté de l'État la présence de nombreux commerçants venus des îles de Jersey et de Guernesey, pour assister à la foire de Caen. Et, sous le prétexte assez équivoque

(1) Lettre du ministre de la guerre au Préfet du Calvados, du 21 mars 1815. — *Archives du Calvados*. R. Volontaires royaux.

de protéger le commerce, il pensa devoir consulter le Ministre de la Guerre (1) sur les précautions à prendre à l'égard des personnes considérées comme suspectes, par cela seul qu'elles arrivaient d'un pays où se fomentaient des conspirations royalistes.

Une besogne bien autrement importante s'imposa bientôt à son activité. Car il ne s'agissait plus seulement de réorganiser le peu de soldats dont il disposait, mais encore, et surtout, de leur chercher des auxiliaires. S'il fallait en croire les rapports exagérés des contemporains, Vedel, au moment de l'expédition du duc d'Aumont, aurait eu sous ses ordres deux mille hommes de chasseurs à cheval et d'infanterie, sans compter le corps des douaniers et la gendarmerie (2).

La vérité, la voici. Le dépôt du 9me régiment de chasseurs, en garnison à Caen, ne possédait que 250 chevaux (3) et un nombre inférieur d'hommes. Ce dernier fait résulte d'une instante réclamation de l'inspecteur général des remontes qui, ne pouvant compter sur les cavaliers du 9me pour le pansement des chevaux, suppliait le préfet de bien vouloir mettre à sa disposition vingt palefreniers civils (4).

(1) Lettre de Vedel au Préfet du Calvados, du 1er avril 1815. *Archives du Calvados.*

(2) Manuscrit Hautefeuille.

(3) Lettre du capitaine du génie au Préfet, au sujet des réparations à faire à l'écurie de Saint-Nicolas, 31 mai 1815. *Archives du Calvados.* R. Casernement.

(4) Lettre du 4 juin. — *Archives du Calvados.* R. Administration générale.

Et cette troupe, si peu nombreuse, avait cependant reçu l'ordre de préparer un détachement, destiné à renforcer les escadrons de guerre. Mais elle ne manquait pas seulement d'hommes. Les effets militaires indispensables lui faisaient défaut. Le 20 mai, c'est Vedel qui réclame pour eux l'aumône de 60 pantalons (1). Le 4 juin, c'est encore l'inspecteur général des remontes, qui, chargé de prendre les mesures les plus promptes pour l'habillement du susdit détachement, demande à l'infortuné préfet de lui trouver sans retard dix ouvriers tailleurs, pour hâter le départ des chasseurs qu'on doit diriger sur l'armée.

Quant à l'infanterie, à la date du 14 juin, il n'y avait à Caen que le dépôt du 61ᵉ régiment de ligne (2). Cette force, déjà insuffisante, était constamment amoindrie par les emprunts qu'on lui faisait pour grossir les colonnes mobiles, qu'on envoyait sur les points du Calvados et des départements limitrophes, où il était urgent de surveiller et contenir les chouans, ou d'accélérer le départ des militaires qui n'avaient pas rejoint leurs corps. Le 23 mai, par exemple, on détacha trente hommes du 61ᵉ régiment, vingt-cinq douaniers, une brigade de gendarmerie de Caen, et cinquante douaniers de Granville, appelés à Tinchebray sous les ordres du colonel Ricard (3). Et, comme

(1) Lettre au Préfet, du 20 mai. *Archives du Calvados*. R. Volontaires royaux.

(2) Lettre de Vedel au préfet, du 14 juin 1815 — *Archives du Calvados*. R. Casernement.

(3) Lettre de l'Ordonnateur de la 14ᵉ Division au Préfet, du 19 mai 1815. — *Archives du Calvados*. R. Casernement.

si cette désorganisation des services n'eût pas été suffisante, l'autorité militaire (1) enjoignait aux préfets de donner des ordres pour que tous les gardes-champêtres se joignissent à la colonne mobile. lorsqu'elle arriverait dans le chef-lieu de chaque sous-préfecture. Les conservateurs des forêts devaient pareillement prêter aux colonnes le concours de leurs gardes-forestiers, tant à pied qu'à cheval.

Le préfet du Calvados, justement alarmé, écrivait (2) à ses sous-préfets le 22 mai : « Comme il est important que, pendant tout le temps que ce mouvement aura lieu, les bois ne deviennent point la retraite des malveillants, je vous invite à vouloir bien désigner au conservateur des forêts les citoyens qui, par leur moralité et leur capacité, vous paraîtront les plus propres à remplacer momentanément les gardes absents. »

Vain appel ! Les sous-préfets, dans leur arrondissement, n'étaient pas moins embarrassés que leur chef hiérarchique au chef-lieu du département. On leur demandait des surveillants pour maintenir l'ordre, et eux-mêmes, depuis la désertion de tous les postes, n'avaient plus la moindre force armée pour faire respecter leur autorité. Il faut entendre, pour ne citer que celui-là, les lamentations du sous-préfet

(1) Ordre du jour du comte Lemarrois, lieutenant général, commandant supérieur des 14e et 15e Divisions militaires ; Rouen, 16 mai. *Archives du Calvados*. R. Casernement.

(2) *Archives du Calvados*. Secrétariat, 1815.

de Pont-l'Évêque (1). Le pauvre homme, après avoir surmonté mille difficultés pour organiser quatre compagnies de grenadiers de la garde nationale, chantait déjà victoire. Ses compagnies étaient complètes, à peu près, sur le papier. « Il ne lui restait plus, avoue-t-il naïvement, qu'à vaincre par la voie des garnisaires l'insoumission bien prononcée des hommes désignés. » Mais voyez le malheur ! Le détachement du 85e régiment de ligne, sur lequel il comptait pour obliger ses gardes nationaux à rejoindre, venait d'être appelé subitement à Caen ! « Leur donnerai-je des ordres de départ, ajoute-t-il avec une résignation triste, lorsqu'ils savent pertinemment que je n'ai aucun moyen pour les forcer à partir ? »

Le sous-préfet aux abois nous donne là, en quelques mots, la véritable et complète explication de l'impuissance qui caractérisa la politique des Cent Jours. Pour se défendre contre l'Europe coalisée, l'Empereur dut tenter de réunir, en une formidable agglomération, tout ce que la France pouvait lui fournir encore d'hommes en état de porter les armes. Son génie organisateur était certes capable de mener à bien cette œuvre colossale. Mais ce fut la matière première qui lui manqua. Las de verser leur sang sur les champs de bataille, les appelés de tout âge se dérobèrent au recrutement. Les agents de la force publique se virent forcés de faire la chasse à l'homme, et le gibier échappa, faute de chasseurs.

(1) Lettre du sous-préfet de Pont-l'Évêque au préfet, du 20 juin 1815. — *Archives du Calvados*, R. Casernement.

Ce ne furent pas cependant les essais de réorganisation qui firent défaut.

Pour remédier à l'insuffisance des troupes de ligne, le général Vedel avait soumis, dès le 28 mai, à l'approbation du ministre de la guerre, son projet de réorganisation des compagnies de canonniers gardes-côtes (1). Le projet fut approuvé, et le ministre de la guerre donna l'ordre de remplacer immédiatement le matériel qui manquait pour l'armement de la côte. Sur ce point, le major sous-directeur d'artillerie. Durbach, n'éprouva pas de résistances sérieuses. Il fit transporter pièces d'artillerie et caissons sur le littoral, en priant le préfet de prendre les mesures nécessaires pour assurer, par réquisitions directes, la fourniture des attelages et les paillasses et couvertures de laine, destinées aux canonniers des batteries (2).

Les difficultés commencèrent quand il s'agit de recruter les hommes. Par un arrêté du préfet du Calvados, il avait été décidé que les 16ᵉ et 17ᵉ compagnies de canonniers seraient organisées dans le plus bref délai, c'est-à-dire portées à 119 hommes par chaque compagnie (3). Mais il y avait moins loin alors de la coupe aux lèvres, que du chiffre d'un

(1) Lettre du Major sous-directeur d'artillerie, Durbach, au préfet, du 4 avril 1815. — *Archives du Calvados*. Canonniers gardes-côtes.

(2) Idem; du 22 avril 1815.

(3) Lettre du Major sous-directeur d'artillerie, Durbach, au préfet, du 16 avril.

effectif à la réunion des soldats désignés pour le former.

D'après l'arrêté du préfet du 7 avril, tous les hommes, mariés ou non mariés, âgés de 25 à 45 ans, devaient fournir, par chaque commune du littoral, un certain nombre de gardes-côtes, fixé selon l'importance du village qu'ils habitaient. Comme le remplacement était autorisé, on vit parfois, dans les villages importants, tous les hommes frappés par l'arrêté se cotiser pour payer, non seulement les frais d'habillement, armement et équipement, fixés à 100 francs par canonnier, mais encore le prix demandé par le remplaçant (1).

Dans les communes moins riches certains maires s'appliquèrent à défendre leurs administrés par des fins de non-recevoir administratives. Ils discutèrent, adressèrent des réclamations trouvant le contingent trop élevé à raison des charges que supportait déjà leur commune (2).

Mais, dans la plupart des villages, l'opposition se manifesta moins paisiblement.

(1) Convention faite le 21 avril 1815 par les jeunes gens de Creully. Et lettre du Major sous-directeur d'artillerie au préfet, du 13 avril. — *Archives du Calvados;* Canonniers gardes-côtes.

(2) Ainsi, à Luc, le maire trouvait exagéré le nombre de 4 canonniers, exigé d'une commune qui supportait le logement des gens de guerre et transportait « les canons le long des côtes depuis la batterie de Courseulles jusqu'à celle d'Ouistréham sans qu'il lui fût accordé d'indemnité. » Lettre du sous-préfet de Caen au préfet, du 20 avril 1815. — *Archives du Calvados.* Canonniers gardes-côtes.

Après avoir dressé la liste des hommes de 25 à 45 ans, les maires d'un grand nombre de communes essayèrent en vain de les réunir pour procéder au tirage. Les jeunes gens déclarèrent, en accompagnant leur refus de menaces, qu'ils ne souffriraient pas que le tirage eût lieu. A Bazanville et à Crépon, les habitants formèrent des attroupements, où ils disaient hautement que nul d'entre eux ne consentirait à faire partie des compagnies de gardes-côtes.

A Colomby, les jeunes gens désignés ne se contentèrent pas de refuser de tirer au sort. Ils menacèrent d'assommer l'adjoint, de couper les arbres, de brûler les granges. A Thaon, l'opération du tirage donna lieu à une émeute, dans laquelle le drapeau tricolore fut insulté, et remplacé par un drapeau blanc (1).

Précédemment les ministres de la police et de la guerre avaient écrit au général Vedel qu'il fallait se défier du mauvais esprit des gardes-côtes, que les officiers chouans et vendéens comptaient beaucoup sur ceux de la Vendée, de la Loire-Inférieure et autres départements de l'Ouest, pour fomenter des troubles. Ils avaient même indiqué le chiffre de 400 artilleurs, décidés à prendre part à un mouvement royaliste (2). Cet avertissement trouva Vedel incré-

(1) Lettre du sous-préfet de Bayeux au Préfet, du 19 avril. — Lettre du maire de Colomby; du 16 avril. — Lettre du sous-préfet de Caen au préfet, du 17 avril. — *Archives du Calvados.* Canonniers gardes-côtes.

(2) Lettre de Vedel au préfet, du 2 avril. – *Archives du Calvados.* — Canonniers gardes-côtes.

dule; car le général, en essayant de les réorganiser, espérait maintenir les gardes-côtes dans le devoir. Son réveil dut être cruel, lorsqu'il eut pris connaissance des récents rapports des sous-préfets du Calvados. Si les gardes-côtes ne passaient pas encore aux royalistes, le plus grand nombre refusait de servir l'Empire. Leur mauvaise volonté avait eu d'ailleurs pour première conséquence d'empêcher l'armement des batteries du littoral. Car on avait été obligé de suspendre l'envoi d'un matériel qui se trouvait exposé aux plus grands risques, depuis qu'on n'avait plus d'hommes pour garder les canons (1).

Le général Vedel ne fut guère plus heureux dans sa tentative de réorganisation des batteries mobiles affectées à la défense des places et des forts situés dans la 14e division militaire. Sa lettre du 18 juin (2) traçait au préfet la ligne de conduite qu'il avait à suivre à cet égard. Tous les chevaux, requis dans chaque commune, devraient avoir les qualités voulues pour le service de l'artillerie, être munis de bons traits et colliers, en un mot de tout ce qui était nécessaire pour pouvoir les atteler à des voitures à timon. Les chevaux et charretiers resteraient chez leurs propriétaires, en attendant les ordres des généraux commandants de place. Les hommes seraient tenus toutefois de se présenter à des revues de trimestre qui seraient passées, dans les chefs-lieux de

(1) Lettre du Major Durbach au préfet; 23 avril. — Id.

(2) *Archives du Calvados;* R. Batteries mobiles à Caen.

sous-préfecture, par un commissaire spécial, accompagné d'un officier.

Tout était admirablement prévu et par Vedel, dans ses instructions, et par le préfet, dans son arrêté du 20 juin, tout, sauf la mauvaise volonté des gens requis pour fournir 54 chevaux et 27 hommes à la batterie mobile du Calvados.

Le 3 juillet, à l'heure fixée, 10 heures du matin, les huit conducteurs de la batterie mobile de Caen se présentent avec leurs seize chevaux pour être passés en revue sur la place Impériale (1). Mais, lorsque le Maire de Caen leur donne connaissance de la lettre de Vedel qui leur prescrit de conduire leurs chevaux dans les écuries du Château, ils récriminent et allèguent cent prétextes pour refuser le service qu'on leur demande (2). « Ils ne pouvaient se passer de leurs chevaux, surtout au moment du transport des foins. D'ailleurs ils ne s'en rapportaient qu'à eux-mêmes pour les soigner ; et il leur était impossible, à cette époque, de quitter leurs maisons, où leur présence était indispensable. Ah ! quand la moisson serait finie, ils s'offraient, eux et leurs bêtes, à toutes heures de la nuit et du jour ! »

Voilà comme on comprenait alors l'obéissance à la loi : on posait ses conditions, on choisissait son heure. Et, ce qu'il y avait de plus grave, c'est que les autorités militaires, troublées par l'incohérence

(1) Lettre du Maire de Caen au comte Vedel, du 3 juillet 1815. *Archives municipales*. Registre 16. Correspondance.

(2) Idem, du 4 juillet.

de la situation politique, ou paralysées par l'incertitude des événements, perdaient aussi la notion du devoir. Au lieu de punir, elles s'inclinaient devant l'audace de ces rébellions, et cherchaient piteusement le moyen de se passer du concours qui leur était cyniquement refusé.

« Les propriétaires des chevaux, écrivait Vedel au préfet (1), qui devaient être fournis par voie de réquisition pour monter et mettre en mouvement la batterie mobilè du Calvados, allèguent la plupart que la saison avancée des moissons les met dans l'impossibilité de se conformer aux ordres des magistrats, qui ne montrent pas la bonne volonté nécessaire pour les faire obéir dans les circonstances pressantes où nous nous trouvons. Je me détermine à avoir recours aux chevaux du gouvernement, si toutefois vous pouvez, Monsieur le Préfet, me faire fournir dans les 24 heures les harnais suivants... ».

Cet aveu d'impuissance en face d'une insoumission éclatante ne paraît pas avoir coûté beaucoup à la dignité du général Vedel. La désorganisation était si profonde dans tous les services que les fonctionnaires, civils ou militaires, acceptaient avec résignation un état de choses auquel ils ne pouvaient remédier. Vedel cependant montrait, comme l'atteste sa correspondance, une certaine activité.

Le 14 juin, il écrit au préfet pour faire accélérer l'habillement des bataillons en formation de la garde

(1) Lettre du 6 juillet 1815. — *Archives du Calvados*. R. : Batterie mobile.

nationale du Calvados; car il craint qu'on n'encourage la désertion des hommes en les laissant manquer des objets de première nécessité. Dans le courant du même mois, à tout instant (1), il harcelle soit le préfet du Calvados, soit le maire de Caen, pour approvisionner le Château de sel et d'eau-de-vie, et fournir à son arsenal les 2,500 kilogrammes de plomb dont il a besoin. Contre les malveillants et les insoumis, il publie, dans toute l'étendue de la 14e Division militaire, un ordre (2) où « il invite Messieurs les maires, adjoints et curés, à faire lire certaines dispositions du code pénal à leurs concitoyens, afin que chacun connaisse ses devoirs et les peines qu'il encourt en les enfreignant... »

Mesures et menaces dont le résultat ne pouvait être que chimérique, puisque les soldats eux-mêmes qui étaient sous les drapeaux, se signalaient par des actes d'indiscipline, et, souvent même, poussaient l'audace jusqu'à abandonner leur régiment. C'est ainsi que, dans la nuit du 24 au 25 mai, onze militaires du 61e, dont le dépôt était à Caen, obéissant aux conseils de leurs familles, regagnèrent ostensiblement leurs foyers, où ils pouvaient être certains, leur disait-on, de ne pas être plus inquiétés que nombre de leurs camarades (3). Un nommé Baudry,

(1) *Archives du Calvados.* — Registre correspondance : 1815-1816.

(2) Ordre adressé le 13 juin 1815 au préfet du Calvados par le comte Vedel. — *Archives du Calvados.* R.

(3) Lettre, à la date du 13 juin, du Directeur général du recru-

grenadier de la vieille garde, disait hautement « que si les brigands de la Vendée venaient à Caen, il aimerait mieux aller avec eux (1) que de rejoindre son corps. »

Quant aux soldats qui restaient sous les drapeaux, voici comment ils étaient commandés. Du 23 au 24 juin, plusieurs patrouilles du 5e régiment d'infanterie légère se présentent sans mot d'ordre au poste de la place Impériale, à Caen. L'officier de la garde nationale, qui les reconnaît, les oblige à rétrograder en leur reprochant de n'avoir aucun mot de ralliement ; et, sur son rapport, le maire de la ville, dans une lettre du 23 juin au général (2), se plaint avec véhémence d'une désorganisation qui pourrait entrainer les plus graves conséquences pour la tranquillité publique. Précédemment d'ailleurs, le même magistrat municipal avait eu l'occasion de jeter le cri d'alarme. « Il semble, Monsieur, écrivait-il le 5 juin au commandant de place (3), que plus vous multipliez les patrouilles dans la ville, plus le désordre s'accroît. Je vous en donnerai pour exemple le commissaire du 1er arrondissement qu'une patrouille a eu la témérité d'arrêter, quoiqu'elle dût savoir que c'est à ses réquisitions qu'elle doit obtempérer... »

Il y avait donc, en toutes choses, un tel désarroi

tement de l'armée au préfet du Calvados. — *Archives du Calvados*. R. : casernement.

(1) Lettre de dénonciation d'un sieur Leclair au préfet du Calvados, 18 juin. — *Archives du Calvados*. R. : administration générale.

(2 et 3) *Archives municipales*. Correspondance : Registre 16.

que la garde nationale enseignait la discipline aux troupes de ligne, et que le pouvoir civil faisait la leçon à l'autorité militaire en matière de théorie !

Cette situation anarchique ne sévissait pas seulement dans le Calvados; elle était générale, et l'Étranger la jugeait avec sévérité.

« Il existe en France un sentiment général, dit le comte Pozzo di Borgo dans sa *Correspondance* (tome 1er, page 153), c'est la conviction que Bonaparte, repoussé par une grande partie des habitants et attaqué par les forces réunies de l'Europe, ne peut pas régner ; cette opinion circule dans l'armée, qui pourtant ne cesse de lui être fidèle. L'action entière du gouvernement s'en ressent : police, finances, armement, tout rencontre des obstacles, ou un manque de soumission inconnu jusqu'à présent aux gouvernements révolutionnaires. »

Dans ce moment critique, le vainqueur de Vendémiaire, celui qui s'était vanté d'avoir maté la Révolution et rétabli l'ordre en France, Napoléon, pour raffermir son pouvoir chancelant, se résigna à chercher des alliés dans les survivants des sections foudroyées sur les marches de Saint-Roch. Certes il n'adopta pas cette nouvelle politique sans en éprouver un profond dégoût. On prétend même qu'il avoua à Monsieur Molé que s'il avait pu prévoir à quel point, pour se maintenir, il aurait eu à complaire au parti démocratique, il n'aurait jamais quitté l'île d'Elbe (1). Mais il n'en accepta pas moins l'appui de

(1) L. de Viel Castel : *Histoire de la Restauration*; t. III, p. 45.

la fédération des faubourgs parisiens. Il y eut, de par sa volonté, une véritable transaction entre le despotisme impérial et le terrorisme révolutionnaire; car il consentit à donner aux fédérés de Paris et de la banlieue des armes et une organisation militaire.

Et l'impulsion de Paris se fit ressentir jusque dans les provinces les plus éloignées. La Bretagne elle-même eut son acte *fédératif*, auquel les citoyens de Caen, plus lents à se remuer, donnèrent un semblant d'adhésion le 3 mai.

S'il fallait en croire le témoignage d'un royaliste (1) qui grossissait le danger à l'avance pour donner plus de relief à l'expédition projetée par le duc d'Aumont, il se serait formé à Caen, à l'instar de celle de Bretagne, une fédération composée d'environ trois cents membres, « parmi lesquels on remarquait tout « ce que la Révolution avait produit de plus fou- « gueux, tous disposés à mettre tout à feu et à sang « au premier signal. »

Or, voici à quoi se borna la piteuse tentative d'organisation fédéraliste à Caen. Le 3 mai 1815, on placarda sur les murs une affiche qui portait cette en-tête : *Les Habitans de la ville de Caen et les Etudians de la Faculté de droit, à leurs concitoyens du département du Calvados.* « Jaloux d'imiter le dévouement « des Bretons, y était-il dit, nous avons voulu, sous « l'autorisation de M. le Préfet, créer, à leur exem- « ple, une institution dont le résultat salutaire fût de

(1) Manuscrit Hautefeuille; pages 39 et 40.

« réunir, au premier signe de ralliement, tous les « amis de l'indépendance Nationale. »

Suivait ce coup de clairon : « Ces belliqueux Nor- « mands, qui ne connurent jamais l'esclavage, pour- « raient-ils souffrir que l'étranger vînt asservir leur « pays sous un joug de fer ? »

Mais, après ce sacrifice fait à l'enthousiasme obligatoire, on posait froidement ses conditions. Car il était bien entendu qu'on s'engageait seulement à « garantir les propriétés publiques et particulières, « et à maintenir la paix et la tranquillité intérieures. » Jamais on ne dépasserait les limites du département, peut-être même celles de l'octroi, puisqu'on ne promettait de prêter assistance qu'aux « campagnes *voisines* », dans le cas où elles seraient troublées. C'était trop encore. Et tout le beau feu du début s'éteint dans cette péroraison frigorifique : « Espérons toute- « fois que le premier Magistrat de ce département, « si avantageusement connu par sa sagesse et ses « talens administratifs, saura maintenir la tranquil- « lité publique, et que nous serons assez heureux « pour n'avoir fait preuve que de dévouement et de « bonne volonté. »

Il est permis de supposer qu'il n'y eut pas foule dans le bureau du secrétariat de l'Hôtel-de-Ville, où l'on avait ouvert un registre pour recevoir les noms des volontaires ; car, pour réchauffer ce zèle tout platonique, le général Vedel se vit obligé de faire, dans un ordre du jour du 13 juin (1), un nouvel appel « aux

(1) *Archives du Calvados.* Secrétariat, 1815.

« *braves Normands* pour former un corps de volon-
« taires par sous-préfecture, prêt à se porter partout
« où besoin serait, à l'effet de garantir les villes et
« propriétés de toute invasion de la part des malveil-
« lants et de celle de l'ennemi. »

Le commandant de la 14e division militaire avait même demandé et obtenu la collaboration des autorités civiles. Dans tout le département il y eut de nombreux essais tentés par les sous-préfets. « Je me suis empressé, écrivait le sous-préfet de Lisieux le 14 juin (1), de faire connaître aux maires de Lisieux, Livarot, Orbec et Saint-Pierre-sur-Dives, que les autorités supérieures verraient avec plaisir qu'il se formât dans les principales villes du département des fédérations analogues à celles de la Bretagne et d'autres points de l'Empire. On pense que c'est le meilleur moyen de donner de l'énergie à l'esprit public et de préparer des mesures salutaires pour la prospérité de la France. Je ferai tous mes efforts pour seconder les réunions qui tendront à se former dans cette intention. »

Vain espoir. La bonne volonté des fonctionnaires, même les plus dévoués, échoua devant l'indifférence des uns et l'hostilité des autres.

La politique qui consistait à discipliner, en la flattant, la démocratie révolutionnaire, était d'ailleurs désapprouvée par l'opinion publique ; et ce n'était pas sans un vif sentiment d'appréhension que l'on

(1) Registre de correspondance du sous-préfet de Lisieux. *Archives du Calvados.*

voyait se reconstituer, sous la tutelle de l'Empire, des bandes de Jacobins, recrutées sous prétexte de combattre l'Étranger.

L'écho de cette réprobation parvint jusqu'aux oreilles de l'Empereur. Quand il eut comparé la tiédeur des attitudes aux chaleureuses promesses de dévoûment, il pensa, avec le poète, que la foi qui n'agit pas manque de sincérité. Et, pour réveiller les esprits somnolents, secouer les avares de patriotisme, il résolut de faire un nouvel emprunt à la méthode révolutionnaire.

Autrefois la Convention envoyait des représentants en mission pour éclairer la province sur le sens et la portée de ses décisions les plus violentes. Lui-même. usant de ce moyen classique, avait aussi expédié des députés dans les départements pour y justifier son coup d'état de brumaire. Mais, tout en se servant des mêmes procédés, il fallait y introduire des palliatifs. On n'était plus aux temps héroïques de la Révolution. La terreur, qui accompagnait les délégués redoutables du Comité de Salut Public, devait céder la place à la politique de persuasion. Il ne s'agissait plus de faire trembler, mais de concilier, d'apaiser, et, sans prononcer le mot odieux de conscription, d'attirer le plus de monde possible sous les drapeaux. Personne ne serait soldat; mais tout homme en état de porter les armes serait simplement garde national *actif !*

Pour mener à bien cette œuvre d'hypocrisie, il eût été urgent de recruter des diplomates consommés. Mais ces habiles comédiens ne durent pas se trouver facilement, si l'on en juge d'après les premiers essais.

Un exemple suffira. Le 22 avril, le sous-préfet de Bayeux est très étonné de recevoir la visite d'un lieutenant d'infanterie, qui lui présente une lettre du général Vedel le nommant commandant de place et le chargeant de faire des rapports sur la situation des communes de l'arrondissement. Ce personnage se montre d'abord très exigeant. Après avoir demandé un gendarme, un factionnaire et un planton de la garde nationale, il se contente de ce dernier. Ces prétentions auraient été d'autant moins justifiées, suivant le sous-préfet, que le commandant improvisé (1) était bien connu à Bayeux pour y avoir donné des concerts. On prétendait même qu'après avoir été chef de musique, il serait descendu jusqu'au rang de simple ménétrier. Peut-être devrait-on se défier des critiques du sous-préfet. qui passait pour royaliste ; mais il n'en est pas moins certain que le nouveau commandant de place eut la maladresse de vouloir, comme il le disait, *monter l'esprit public* par une proclamation, qui fit supposer à tout le monde que la ville allait être mise en état de siège (2). « Braves habitants, disait-il au début de sa procla-« mation (3), c'est avec la plus vive satisfaction que

(1) Lettre du sous-préfet de Bayeux, du 27 avril 1815, au préfet. — *Archives du Calvados*. Secrétariat, 1815,

(2) Lettre du maire de Bayeux, M. Conseil, au sous-préfet, du 27 avril. — Id.

(3) Placard in-4°. A Bayeux, chez Groult, imprimeur-libraire. *Archives du Calvados.*

« je viens parmi vous. Ma mission et mon unique « dessein sont de travailler à votre bonheur et de « vous faire jouir de tous les avantages de l'heureux « retour de l'Empereur Napoléon. C'en était fait de « la France, et toutes les idées libérales allaient être « anéanties, s'il eût tardé encore quelque temps; « nous n'allions plus être que de vils esclaves... »

C'était ainsi, avec des paroles qui ravivaient toutes les haines politiques, que se présentait celui qu'on envoyait pour faire de l'apaisement. On le remplaça, il est vrai, par un fonctionnaire plus sérieux (1).

Après une série d'essais malencontreux, le lieutenant-général comte Lemarrois, commandant supérieur des 14e et 15e divisions militaires, résolut d'établir dans chaque chef-lieu de sous-préfecture un commandant d'arrondissement (2), qui aurait « plus particulièrement pour instructions, de veiller au maintien de l'ordre et de la tranquillité, de faire rejoindre les déserteurs et les gardes nationaux appelés au

(1) Le 16 juin 1815, le chevalier Delaveyne, chef de bataillon de l'état-major, écrivait au maire de Bayeux : « J'ai l'honneur de vous prévenir que j'ai été nommé par M. le lieutenant-général comte Vedel au commandement supérieur de l'arrondissement de Bayeux et qu'en cette qualité et comme membre du Conseil d'arrondissement pour l'organisation des gardes-nationales, je dois m'entendre avec vous pour la tranquillité de votre ville, le bien du service... » *Archives municipales de Bayeux.* Liasse 23. 1815. L.

(2) Lettre du maréchal de camp, chef de l'état-major général des 14e et 15e divisions au préfet du Calvados. — *Archives du Calvados.* — R : administration, 1813-1818.

service, de s'entendre à cet effet avec les autorités locales, de les appuyer, d'exciter leur zèle, afin de ranimer l'esprit public. »

Ce programme était facile à rédiger ; mais il était moins commode de l'appliquer. On eut beau choisir des commandants d'arrondissement à peu près triés sur le volet, ceux-ci, en dépit de leur zèle ou de leur capacité, ne tardèrent pas à être paralysés, dans leurs tentatives de réformes, par l'inertie ou la malveillance des fonctionnaires civils. Les moins mal disposés des agents administratifs regardaient les émissaires qu'on leur envoyait comme des intrus, ou au moins des rouages inutiles ; quant aux maires, la plupart refusaient d'afficher leurs proclamations, prétendant qu'ils ne devaient tenir cette sorte d'injonction que du préfet, ou du sous-préfet de leur arrondissement (1).

S'ils trouvaient si peu d'appui auprès des fonctionnaires corrects, que pouvaient attendre les commandants d'arrondissement de ceux qui se montraient ouvertement hostiles ? Et ceux-là étaient légion.

Dans l'arrondissement de Lisieux, à la date du 26 mai. beaucoup de maires, d'adjoints et de membres des conseils municipaux n'avaient pas prêté le serment prescrit (2). Un grand nombre de fonctionnai-

(1) Registre de correspondance du sous-préfet de Lisieux, à la date du 17 juin 1815. — *Archives du Calvados.*

(2) Registre de correspondance du sous-préfet de Lisieux, à la date du 17 juin 1815. — Lettres du 26 et du 29 mai. — *Archives du Calvados.*

res s'étaient aussi dispensés de voter pour l'acceptation de l'acte additionnel aux Constitutions de l'Empire. Parmi ces derniers le procureur impérial du tribunal, bien connu pour son attachement au parti royaliste, avait abandonné son poste au moment où il s'agissait de prêter serment de fidélité à l'Empereur (1). Et, touchante harmonie entre magistrats du même siège, le juge d'instruction, à la même heure, portait plainte contre le curé de Saint-Pierre qui avait refusé de chanter, à la fin de la messe, le *Domine salvum fac imperatorem*. L'anarchie dans la Justice !

Il y avait aussi le fonctionnaire timide, peureux, toujours prêt, au moindre danger, à donner sa démission. Tel ce maire de village qui, menacé au moment du tirage au sort des canonniers gardes-côtes, écrit au préfet (2), non sans une pointe d'ironie : « Comme le « gouvernement ne pourrait me rendre la vie si elle « m'était enlevée dans une émeute, ni m'indemniser « de torts faits à mes propriétés, dévastées ou brû- « lées... malgré mon désir d'être utile au bonheur et « à la tranquillité de l'État, je me trouverai, quoi- « qu'avec regret, forcé de demander mon remplace- « ment. »

On remarquait encore le fonctionnaire frondeur qui, sans respect pour la hiérarchie, ne craignait pas

(1) Registre de correspondance du sous-préfet de Lisieux, à la date du 17 juin 1815. — Lettres du 26 et du 29 mai. — *Archives du Calvados*.

(2) Lettre du maire de Colomby-sur-Than, du 19 avril 1815. — *Archives du Calvados* ; Canonniers gardes-côtes.

de donner délibérément des leçons à son chef. « Messieurs les Préfets, écrivait le sous-préfet de Bayeux au préfet le 29 mai (1), étaient dans l'usage de faire accompagner les listes des hommes à poursuivre des lettres d'avis, qu'ils voulaient leur faire parvenir avant les poursuites. Votre liste, que vous m'avez fait l'honneur de m'adresser, n'était accompagnée d'aucune lettre. Je ne peux donner l'avis préalable à la poursuite. J'ai donc été forcé, sur la demande pressante du commandant de la colonne mobile, de faire poursuivre les hommes que vous me désignez *à tort et à travers*. »

Venait enfin le fonctionnaire ouvertement hostile, qui envenimait son insoumission en se moquant impudemment du gouvernement qu'il desservait. Et ce n'était ni le moins cruel, ni le moins redoutable, comme cela ressort de la lettre suivante, adressée le 20 juin 1815 par un maire (2) au sous-préfet de Caen :

« J'ai reçu l'arrêté de M. le Préfet du 13 de ce « mois, lequel renferme l'injonction comminatoire « d'arborer le drapeau tricolore sur les clochers des « campagnes... - Je vous observerai que l'église de « ma commune est presque entièrement démolie ; et « que je n'ai pas cru qu'il fût honorable pour le gou- « vernement de faire flotter son drapeau sur des dé- « combres. Je compromettrais d'ailleurs extrême- « ment la responsabilité de cette commune puisqu'en

(1) *Archives du Calvados*. — R. : Casernement.
(2) id. M. : Affaires politiques.

« supposant que des malintentionnés voulussent ten- « ter l'enlèvement du drapeau, ils pourraient y accé- « der facilement de toutes parts... »

Pour suppléer sans doute aux commandants d'arrondissement, qui paraissaient triompher difficilement du mauvais vouloir des fonctionnaires, le ministre de l'Intérieur, afin de chauffer l'enthousiasme, adressait aux préfets des chants patriotiques qu'il leur recommandait de faire exécuter sur les théâtres de leur département. A Caen, il avait envoyé *La Parisienne ou Charles Martel*, et *La France délivrée ou la Lyonnaise* (1). Dans cette dernière pièce on célébrait, en vers de mirliton, les mérites de l'acte additionnel :

Napoléon, roi d'un peuple fidèle,
Tu veux borner la course de ton char !
Tu nous fis voir Alexandre et César !
Oui, nous verrons Trajan et Marc-Aurèle ! !
Nous sommes tous tes enfants, tes soldats !
Nous volons tous à ces derniers combats.

Malgré ces protestations pacifiques, personne ne

(1) Au bas de la circulaire imprimée, envoyée le 6 juin au préfet du Calvados, le ministre de l'Intérieur avait écrit cette note manuscrite : « Chantés sur les théâtres de Paris, ces airs ont produit beaucoup d'effet. Ils pourraient également être chantés sur les théâtres des départements dans les villes où il y a des comédiens. » Dans sa réponse en date du 9 juin, le préfet écrit au ministre : « Je les adresse au Conservateur de la Bibliothèque de Caen, attendu qu'il n'y a plus de comédiens ici. » — *Archives du Calvados*.

voulait croire à ces *derniers combats*. Le retour de Napoléon, pour la majorité de la nation, présageait au contraire une nouvelle série de guerres interminables.

En vain le général Vedel, dans une proclamation (1) aux bataillons mobilisés de la garde nationale du Calvados, écrivait-il, pour rassurer les pauvres diables qu'on appelait à la défense des places fortes : « Vous rentrerez dans vos familles dès que les ennemis de notre belle patrie auront cessé de l'inquiéter ; ce moment n'est pas éloigné. »

En vain un poète du cru s'écriait-il, à la fin d'une pièce de circonstance (2), imitée de la *Marseillaise* :

Femmes, doux charme de la vie,
Calmez vos craintives douleurs;
Tendre mère, épouse chérie,
Vous reverrez vos défenseurs.
Bientôt nous reviendrons vous rendre
La paix que nous allons chercher.

Toute cette rhétorique ne ramenait pas le moindre conscrit sous les drapeaux. Au contraire, on s'en défiait. C'était comme un coup de clairon qui sonnait le rappel, et l'on fermait les oreilles, pour ne pas être

(1) Proclamation du 25 mai 1815, publiée dans le *Journal du Calvados* du 31 mai.

(2) *La Canaise*, couplets composés par un étudiant en droit de Caen, chantée au théâtre le 17 avril 1815. *Journal du Calvados* du 10 mai.

soupçonné de l'avoir entendu. Les gardes nationaux, appelés au service actif, étaient si convaincus qu'on ne se contenterait pas de les employer entre les murs des places fortes, que, par horreur de la guerre, ils se cachaient dans les bois pour échapper aux poursuites des colonnes mobiles.

Profitant de cet état des esprits, les agents royalistes s'appliquèrent à chercher de nouvelles recrues parmi les mécontents. Et leur audace fut telle que l'un d'eux, le sieur Guilbert, dans les premiers jours de juin, ne craignit pas d'engager un officier du corps des douaniers de Caen à s'enrôler dans les troupes du Roi. Il fut arrêté, il est vrai, et condamné, quelque temps après, au bannissement (1). Mais combien d'autres avaient réussi !

Tout semblait d'ailleurs favoriser les agissements des racoleurs royalistes. Le désordre était partout, dans la rue, sur les places, jusque dans les prisons. Le directeur de la Maison centrale de Beaulieu écrivait (2) le 4 mai au préfet pour lui demander un poste plus nombreux. Car il craignait une évasion générale, tant il y avait de fermentation dans l'esprit des prisonniers, surexcités, disait-il, par « des espérances chimériques de toute espèce. » Peu de jours après, le maire de Caen signalait (3) un individu con-

(1) Voir sur ce point une série d'articles du sieur Urbain Guilbert, frère de l'agent royaliste arrêté, dans les nos 24, 25 et 26 de l'*Observateur Neustrien*.

(2) *Archives du Calvados*. Secrétariat, 1815.

(3) Lettre du maire de Caen, du 26 mai, au colonel de la

damné aux fers qui, dans la prison départementale, « s'était décoré d'une fleur de lys. »

Dès le 13 avril on avait placardé, pendant la nuit, sur les murs de Caen, une proclamation attribuée au roi (1). Et ces sortes d'affichages se renouvelèrent tant de fois que le préfet crut devoir s'en plaindre au maire (2), en lui enjoignant de rechercher les auteurs « des imprimés incendiaires, proclamations et autres écrits qui tendent à égarer l'opinion publique. » De son côté, le maire, M. Lentaigne-Logivière, bonapartiste assez avéré pour s'étonner d'être suspecté, répondait à cette sorte de leçon par une autre.

« A la suite d'une orgie qui a eu lieu hier, écrivait-il au préfet (3), des hommes ont parcouru la ville, en mêlant aux cris de : *Vive l'Empereur !* des vociférations et des provocations contre des citoyens tranquilles. Si l'on veut maintenir le bon ordre, de semblables délits ne doivent pas être tolérés. Votre prédécesseur l'avait si bien senti qu'il fut le premier à me provoquer à prendre des mesures répressives. Je le fis et l'ordre fut rétabli. Si l'on n'y prend garde, M. le Préfet, des factieux se rallieront, et après avoir profané le nom du souverain par des vociférations indécentes et injurieuses pour lui, attaqueront

garde nationale. *Archives municipales*. Registre 16 : Correspondance.

(1) Lettre du maire de Caen au préfet, du 13 avril. *Archives municipales*. Registre 16 : Correspondance.

(2) Réponse du maire, du 29 mai. Idem.

(3) Lettre du Maire de Caen, du 12 juin. Idem.

ceux auxquels ils en voudront sous prétexte qu'ils auraient une opinion différente, ou pour satisfaire leur haine particulière. Quel a été jusqu'ici le résultat de toutes ces criailleries, sinon d'aliéner l'esprit des citoyens? Car vous n'avez pas vu, ni moi non plus, un seul de ces perturbateurs venir se ranger sous la bannière de l'honneur. »

Le maire de Caen avait cent fois raison. Toutes les réunions tumultueuses de fédérés, ou soi-disant bonapartistes, ne servaient qu'à couvrir les menées des royalistes, qui se glissaient dans leurs rangs pour les exciter aux pires excès. Ce n'était pas le moindre coup qu'ils portaient au régime impérial en donnant à l'opinion trompée l'occasion de s'irriter contre les auteurs des désordres. Mais, quand leur manquait cette façon hypocrite de faire la guerre au gouvernement, les agents du Roi et du duc d'Aumont ne se gênaient pas pour l'attaquer ouvertement.

Un jour, il se jettent sur un grenadier de la garde nationale, l'insultent, le prennent à la gorge et lui donnent plusieurs coups de bâton (1). Une autre fois, ils ont l'audace de crier *Vive le Roi!* aux oreilles du préfet, qui passait dans la rue; dans la même soirée, un des leurs, monté à cheval et agitant à son bras « les couleurs proscrites », vient pousser les mêmes cris séditieux devant la garde du poste de la préfecture (2).

(1) Lettre du maire de Caen, du 12 juin. *Archives municipales.* Registre 16 : Correspondance.

(2) Lettre du préfet de Ramel, du 23 juin, au maire de Caen.

Si le chef-lieu du Calvados, où les autorités pouvaient disposer d'une force armée assez importante, était fréquemment le théâtre de scènes tumultueuses, on imagine aisément quelles facilités devaient trouver les agitateurs royalistes dans les petites villes et les campagnes du département.

Dès le 26 mai, à Lisieux, on avait l'audace d'afficher une proclamation du comte de Lille (1). Dans les derniers jours de juin, lorsqu'on eut appris le désastre de Waterloo, ce fut de tous côtés, une explosion de sentiments anti-Napoléoniens.

Le 22 juin, dans le port de Honfleur, on arbore le pavillon blanc, et les femmes courent dans la ville avec des fleurs de lis (2).

Dans les communes du littoral, des émissaires, venus de Caen, apportent des nouvelles qui excitent la fermentation (3). Des bruits alarmants circulent à Douvres, où l'on prétend que les troupes vont arriver pour piller et ravager le bourg (4). A Ouistreham, la population s'insurge dans la journée du 25 juin, et le préfet, de concert avec le général commandant le département, y envoie un détachement de soixante hommes, qui devront être logés et nourris aux frais

(1) Accusé de réception par la police générale d'une lettre du 27 mai. — *Archives du Calvados.* Secrétariat. Correspondance, 1813-1815.

(2) Lettre du sous-préfet de Pont-l'Évêque, du 23 juin.— Idem.

(3) Lettre du major Moulin, du 24 juin. — Idem.

(4) Lettre de l'adjoint de Douvres, du 2 juillet. — Idem.

des habitants, chargés en outre de leur payer une solde extraordinaire (1).

Mais ces mesures de rigueur, trop tardives d'ailleurs, ne peuvent se généraliser. On manque de troupes et la rébellion se propage, de village en village, dans tout le département. A Amfréville, on arrache le drapeau tricolore, qui flottait sur le clocher, puis on le coupe par morceaux et on l'enfouit (2). A Évrecy, des garçons de la commune, dirigés par un jeune homme venu de Caen, après avoir essayé inutilement de forcer la porte du clocher, réunissent plusieurs échelles avec des cordages pour monter jusqu'au drapeau, qu'ils arrachent de la tour (3). A Noyers, le maire, à la tête de plusieurs jeunes gens, non content d'enlever le drapeau tricolore, lui en substitue un blanc (4). A Sainte-Croix, on le brûle (5).

A Moyaux, un grand nombre d'habitants de la commune, en apprenant la défaite de l'Empereur, se mettent à chanter et à tirer des coups de pistolet en signe de réjouissance. Et, le soir, un individu se glisse dans l'église, s'introduit dans le clocher et

(1) Lettre du préfet du Calvados au sous-préfet de Caen, du 26 juin. — *Archives du Calvados.* M : Affaires politiques.

(2) Lettre de l'adjoint d'Amfréville, du 26 juin, au sous-préfet de Caen. – *Archives du Calvados.* M : Affaires politiques.

(3) Lettre du maire d'Évrecy au sous-préfet de Caen, du 29 juin. — *Archives du Calvados.* M : Affaires politiques.

(4) Procès-verbal de gendarmerie du 29 juin. — Idem.

(5) Lettre du maire au sous-préfet de Caen, du 2 juillet. — Idem.

remplace le drapeau tricolore par un morceau de toile blanche (1).

Après les édifices publics, ce sont les maisons particulières qui se pavoisent aux couleurs des Bourbons. Et, quand on n'a pas de drapeau sous la main, l'enthousiasme en improvise avec un mouchoir, qu'on attache, comme un habitant de Saint-Pierre-sur-Dives, au bout d'un bâton (2).

La politique, comme les religions, a ses fanatiques. A quelques-uns, il ne suffit plus d'arborer l'étendard immaculé, comme ils appelaient le drapeau blanc; ils ne pouvaient supporter même la vue des trois couleurs. Ainsi, au Prédauge, un employé des douanes est maltraité et blessé d'un coup de couteau parce qu'il portait à son chapeau une cocarde tricolore. A Lisieux, des enfants jouant au soldat dans la rue et promenant un drapeau, se voient arracher des mains leur étendard en papier par un énergumène, qui le déchire avec rage (3).

Ces actes d'intolérance, commis par quelques violents, étaient comme l'indice de l'état des esprits dans le Calvados et les départements voisins, au lendemain de Waterloo. Tout le monde y était las du

(1) Lettre du sous-préfet de Lisieux au préfet, du 26 juin. — *Archives du Calvados* : Registre de correspondance du sous-préfet de Lisieux avec le préfet. 1815.

(2) Lettre du sous-préfet de Lisieux au préfet, du 19 juin. — *Archives du Calvados* : Registre de correspondance du sous-préfet de Lisieux avec le préfet. 1815.

(3) Lettre du 13 juin. — Idem.

régime impérial, et si une révolte générale n'avait pas encore éclaté, c'est que la plupart des gens, dans l'incertitude de l'avenir, tout en faisant des vœux pour le retour des Bourbons, craignaient d'être déçus dans leurs espérances. Ils n'osaient se compromettre, agir, faute de direction et d'entraînement. Mais qu'un chef se présentât hardiment, l'étendard du roi à la main, toutes ces bonnes volontés indécises sortiraient aussitôt de leur torpeur et lui feraient escorte.

Le duc d'Aumont pouvait donc débarquer en toute sécurité avec sa poignée de volontaires, qui formerait au besoin le cadre d'une armée à improviser. Et cette petite troupe n'aurait même pas l'occasion de se battre. Car, moralement, à l'avance, les douze ou quinze cents hommes du général Vedel devaient être écrasés par la masse profonde des mécontents.

IV

Parfaitement éclairé par les rapports de ses agents, connaissant à fond la situation du Calvados, sûr du succès, le duc d'Aumont, après avoir quitté Jersey, dans la soirée du 5 juillet, sur la petite flottille anglaise, arriva en vue des côtes du département vers le milieu de la nuit du 6 au 7. Le chef de l'expédition montait la corvette *la Bermuda*, avec son état-major et quelques autres officiers, formant en tout 25 hommes ; le reste était réparti sur le *Raisonneur* et deux bâtiments de transport.

Il faut croire que le duc d'Aumont n'avait pas à l'avance arrêté son choix sur le lieu où il effectuerait son débarquement ; car ce fut le hasard qui décida cette question importante. Un pêcheur français, amariné par la corvette, fut amené sur le pont de la *Bermuda*. Interrogé par le général en chef, il lui apprit que sa flottille se trouvait à peu près en face du petit havre d'Arromanches. A cela il ajouta plusieurs renseignements, en partie erronés. Suivant lui, la redoute d'Arromanches aurait été défendue par plusieurs canons de gros calibre, que desservait une trentaine d'hommes, tandis qu'il n'y avait en réalité dans le fortin que deux pièces d'artillerie et douze garde-côtes (1). De plus, les hauteurs des falaises auraient été occupées par quatre cents chasseurs à cheval, de la garnison de Caen, et des postes nombreux de douaniers. Ces derniers détails n'étaient pas plus exacts que les précédents ; car les postes de douaniers se bornaient à la brigade d'Arromanches, commandée par un simple sous-lieutenant (2). Quant

(1) D'après un état pour la 7me compagnie de garde-côtes, qui desservait les batteries depuis Port-en-Bessin jusqu'à Trouville, Arromanches est porté pour six fournitures, ce qui suppose 12 canonniers au plus, c'est-à-dire 2 hommes par lit. Voir sur ce point : Lettre du sous-préfet de Bayeux au préfet, du 18 juin, et lettre du capitaine d'artillerie au préfet du Calvados, du 16 mai. — *Archives du Calvados* : Police des Côtes.

(2) Rapport (du 17 mai 1815) du maire d'Asnelles et des officiers de la douane sur l'arrestation de 7 Anglais. *Archives du Calvados* : Police des côtes.

aux chasseurs à cheval, il est bien vrai qu'une colonne mobile était chargée de la surveillance des côtes ; mais, soit indiscipline, soit impéritie, soit trahison, cette troupe, sur laquelle le sous-préfet de Bayeux semblait compter (1) pour empêcher une tentative de débarquement, ne parut pas et laissa le littoral ouvert aux entreprises des royalistes.

N'ayant aucun moyen de contrôle à sa disposition, le duc d'Aumont se montra justement inquiet en apprenant la supériorité numérique de l'ennemi qu'il aurait à combattre, au moment toujours si périlleux d'un débarquement. Il résolut donc de profiter des ombres de la nuit pour jeter à terre trois officiers, messieurs de Grimouville, Rousseau et de Guernon-Ranville, auxquels il confia la mission délicate de prévenir les royalistes de l'intérieur. Ceux-ci, sous leur direction, tenteraient une diversion qui permettrait au duc de faire débarquer sa petite troupe sans trop de risques.

Malheureusement, tandis que le général en chef propose, la mer dispose. Une forte brise du nord s'élève subitement et pousse la corvette la *Bermuda* à la côte. Dans la manœuvre qu'il exécute pour regagner le large, le pilote, qui connaissait mal ces parages, s'engage maladroitement dans le voisinage des rochers du Calvados, où il échoue piteusement. à une demi-portée de canon de la redoute d'Arromanches.

(1) Lettre du sous-préfet de Bayeux au préfet, du 8 juillet. *Archives du Calvados*.

Pendant deux heures l'équipage fit des efforts prodigieux pour remettre à flot le bâtiment ; mais la mer, qui descendait, le laissa bientôt engagé sur toute la longueur de sa quille. La situation empirait de minute en minute ; car le jour commençait à poindre et, dès que la lumière fut assez claire pour leur permettre de distinguer la coque du navire échoué, les canonniers de la redoute pointèrent leurs pièces sur ce but, qui ne bougeait pas plus qu'une cible. Aussi leurs coups portèrent-ils à merveille. Leur premier boulet vint couper un des haubans, à un pied au-dessus de la tête du général en chef, alors appuyé sur le bastingage, d'où il observait la côte. Le feu dura plus d'une heure, bien soutenu et si bien dirigé que presque tous les projectiles passèrent dans les amures, où ils causaient d'assez grands dommages.

La position du navire anglais, couché sur le flanc entre les rochers, ne lui permettait pas de répondre au feu de l'ennemi, qu'il aurait peut-être éteint s'il lui avait été possible de se servir des huit pièces qu'il portait. A l'exaspération de l'équipage, réduit à l'impuissance, se joignait la crainte d'être coulé à chaque instant par les boulets de la redoute.

Dans cette position critique, l'état-major du duc d'Aumont pensa qu'il ne restait d'espoir de salut que dans une attaque audacieuse sur le fortin qui les foudroyait. Ils pressèrent donc le général en chef de les autoriser à opérer une descente sur le rivage. Le duc y consentit et voulut diriger lui-même cette hasardeuse entreprise. Trois chaloupes furent mises à la mer et nagèrent vigoureusement, emportant le chef de l'expédition et vingt-huit de ses officiers. Tout d'abord elles furent couvertes d'eau par les ricochets des boulets de la redoute, qui frappaient les vagues. Mais lorsque le duc d'Aumont eut arboré sur son canot le drapeau blanc brodé par la duchesse d'Angoulême; lorsque, de son côté, la corvette anglaise eut hissé à son mât les mêmes couleurs, en saluant de ses acclamations les royalistes, qui lui répondaient par des cris répétés de *Vive le Roi!* le feu se ralentit et bientôt cessa tout à fait.

Quand on approcha de la côte, les officiers français, impatients d'aborder, se jetèrent à la mer et gagnèrent le rivage en ayant de l'eau jusqu'à la poitrine. A l'endroit où ils mirent pied à terre, ils se rallièrent et se divisèrent en deux petites troupes de forces égales. L'une, sous les ordres du vicomte de Saint-Simon, suivit le littoral ; l'autre, conduite par le colonel Eugène d'Hautefeuille, gravit les falaises afin de prendre la redoute à revers.

Les royalistes auraient pu se dispenser de tant de précautions; car ils allaient bientôt faire le siège d'une place sans garnison. Tant que les douze canonniers avaient cru avoir affaire à des Anglais, ils avaient tiré patriotiquement pour repousser l'étranger. Mais, dès qu'ils eurent reconnu que c'était un parti de royalistes français, qui opérait une descente, ils s'empressèrent de lâcher pied et de céder la place avec d'autant plus d'entrain qu'ils n'ignoraient pas que Louis XVIII avait promis de licencier, à son retour, le corps des gardes-côtes.

Lorsque la petite troupe, commandée par le vicomte de Saint-Simon, arriva auprès de la redoute, il paraîtrait que M. de Guernon-Ranville en franchit les revêtements et tomba, l'épée à la main, au milieu de la batterie en poussant le cri de *Vive le Roi!* Mais il ne mit personne en fuite comme il l'a écrit (1), puisque le fortin était abandonné, déserté d'ailleurs comme tout le reste du village, où les royalistes ne trouvèrent pas l'ombre de résistance. Pas un seul chasseur à cheval sur les falaises. Pour toute garnison, les douze gardes-côtes qui prennent la fuite et

(1) Dans un manuscrit intitulé : *Débarquement du duc d'Aumont à Arromanches* (dont M. Julien Travers a cité un fragment dans la préface du *Journal d'un Ministre*), le comte de Guernon-Ranville dit que, *plus leste que ses camarades* (il n'ose écrire plus brave), il s'élança le premier dans la redoute et en mit en fuite les canonniers surpris. Ce dernier fait n'est pas plus authentique que la présence des 400 chasseurs de Vedel sur les falaises, dont il parle, comme d'ailleurs tous les royalistes qui ont écrit sur ce sujet, soit pour faire valoir leur mérite personnel, soit pour donner, en exagérant les dangers courus, plus de relief à l'expédition du duc d'Aumont. Il nous a donc fallu, pour nous approcher le plus possible de la vérité, soumettre à un contrôle rigoureux les témoignages des contemporains et les récits du temps. Voici, pour la descente à Arromanches, et l'entrée à Bayeux, nos principales sources : Manuscrit Hautefeuille ; — le mémoire de Guernon-Ranville ; — *Un mot...* par Madame Rochelle de Brécy ; — un article publié, le 18 juillet 1815, dans les *Affiches... de la ville de Bayeux;* — un article dans le supplément du n° du 15 juillet, du *Journal du Calvados ;* — *Arromanches et ses environs* par Gaston Lavalley.

BIBLIOTHÈQUE NAT...

les douaniers, qui, au nombre de cinq seulement, n'hésitent pas un instant à faire leur soumission.

Sans avoir tiré un seul coup de fusil, les royalistes prirent donc position à Arromanches et sur les hauteurs voisines, pour protéger le débarquement de leurs frères d'armes, qui étaient restés sur les transports anglais.

Le duc d'Aumont avait fait enclouer les canons de la batterie, jeter la poudre à la mer et planter le drapeau blanc sur la redoute, conquise sans verser une goutte de sang.

Rassurés par ces couleurs, qui leur indiquaient qu'on n'avait plus à craindre un débarquement d'Anglais, les habitants d'Arromanches rentrent peu à peu dans le village qu'ils avaient déserté. Ils entourent le duc d'Aumont, l'acclament, l'appellent leur père, leur libérateur. Les femmes surtout, qui croyaient fermement que les Bourbons allaient ramener la paix, montraient un enthousiasme délirant. Elles ne se contentaient pas de crier *Vive le Roi!* Elles arrachaient des tiges de lis dans les jardins, qu'elles distribuaient à leurs enfants, à leurs maris. Bientôt tout le monde eut de ces fleurs-là à la main. Et ce fut entre une double haie de gens, portant comme un cierge ce blanc symbole de la vieille monarchie, que le duc d'Aumont. à la tête de ses cent cinquante volontaires, sortit d'Arromanches, à six heures du matin, pour marcher sur Bayeux.

Comme il se croyait exposé à une attaque des chasseurs à cheval, dont la présence sur le littoral lui avait été signalée, le chef de l'expédition, par prudence, fit prendre à sa troupe des chemins de traverse. Vers huit heures du matin, à un quart de lieue environ de la ville, les royalistes se trouvèrent en présence d'un détachement de la garde nationale de Bayeux, qu'on avait envoyé en reconnaissance. Ce détachement, conduit par son colonel, M. de Germiny, pensait aller à la rencontre des Anglais qu'on disait avoir débarqué à Arromanches, et sa joie fut grande lorsqu'il apprit qu'il avait affaire à des Français. Mais, tout d'abord. il y eut une méprise, qui aurait pu avoir de graves conséquences Au moment où le vicomte de Saint-Simon s'était avancé pour parlementer, un mouchoir blanc à la main, deux gardes-nationaux, indisciplinés ou effrayés, le couchèrent en joue, et un coup de fusil partit, sans l'atteindre.

Comme le vicomte de Saint-Simon s'était replié vers sa troupe, il y fut suivi par le colonel de la garde nationale qui s'excusa de la maladresse de ses hommes et protesta de son dévoûment au duc d'Aumont. Il ne cacha pas cependant à ce dernier qu'il s'exposerait, lui et les siens, à de grands dangers en essayant de pénétrer dans la ville, et il termina en lui conseillant de se rembarquer. Des avis pareils furent donnés, une seconde fois, au chef de l'expédition par plusieurs messagers, que venait de lui envoyer le sous-préfet de Bayeux.

Mais le duc d'Aumont, qui connaissait parfaitement les sentiments des populations du Calvados et les ressources que lui offrirait le pays, se contenta de sourire et donna l'ordre de marcher en avant.

Les événements ne tardèrent pas à lui donner

raison. Les gardes nationaux, que leur colonel avait représentés comme animés d'un mauvais esprit, l'accompagnèrent pacifiquement, comme s'ils lui eussent fait escorte. Et, à mesure que l'on approchait de Bayeux, on en voyait sortir nombre de gens qui, impatients de saluer celui qu'ils regardaient comme un libérateur, se portaient au-devant des volontaires royalistes aux cris mille fois répétés de *Vive le Roi! Vive le duc d'Aumont!*

Dans Bayeux, ce fut une véritable entrée triomphale. Le duc d'Aumont et ses partisans passèrent au milieu d'une foule enthousiaste, qui les accompagna, avec des acclamations ininterrompues, jusqu'à la porte de la sous-préfecture. Les principaux notables de la ville les y attendaient, pour joindre leurs félicitations aux témoignages de dévoûment que leur donnèrent le sous-préfet et les représentants de la municipalité.

Après avoir notifié au sous-préfet sa qualité de commissaire extraordinaire nommé par le roi, le duc d'Aumont lui adressa ordres et réquisitions pour son service. Un de ses premiers actes fut d'exiger la mise en liberté immédiate de plusieurs personnes, détenues à la prison pour délits politiques, ou pour crimes de désertion. Cette double mesure, sur laquelle il comptait beaucoup pour augmenter sa popularité, lui valut en effet de nouvelles recrues, qui vinrent grossir les rangs de la troupe débarquée à Arromanches.

Cependant, comme le chef de l'expédition s'attendait à être attaqué par les troupes du général Vedel, commandant de la 14e division militaire, il s'occupa de mettre la ville de Bayeux à l'abri d'un coup de main ; car il redoutait avec raison les suites terribles pouvant résulter du contact trop soudain de soldats, qu'on disait ardents bonapartistes, avec une population qui venait de se déclarer avec tant d'exaltation pour le roi.

Son premier soin fut naturellement d'envoyer un détachement en reconnaissance sur la route de Caen. L'un des cavaliers qui le composaient, le capitaine Tartarat, s'avança, avec quelques gardes d'honneur, jusqu'au-delà du village de Saint-Martin-des-Entrées, où il avait laissé ses compagnons. Il y fit bientôt la rencontre du colonel Corbet, que le général Vedel, persuadé encore qu'il s'agissait d'un débarquement d'Anglais, avait chargé de leur notifier l'armistice conclu à Paris, le 4 juillet, entre les plénipotentiaires du duc de Wellington et ceux du gouvernement provisoire de France. Après avoir reconnu le parlementaire, qu'il fit escorter par ses gardes, le capitaine Tartarat reprit, avec le reste de ses hommes, le chemin de la ville.

Tout à coup il fut assailli par un escadron de chasseurs à cheval de la colonne mobile du littoral, qui revenait d'Arromanches, où il avait repris possession de la batterie désertée par les gardes-côtes. Le général Saint-Simon, monté sur un bon cheval, réussit à s'échapper. Mais les autres officiers, qui n'avaient que des chevaux de louage, se virent enveloppés et contraints de rendre leurs armes. Faits prisonniers par le lieutenant de chasseurs, qui commandait l'escadron, ils furent conduits à Caen, où on les interna dans le château fort de la ville (1).

Pendant ce temps-là, le colonel Corbet, chef de l'état-major de Vedel, était amené au duc d'Aumont. Grande fut sa surprise en constatant qu'il se trouvait en présence, non d'une troupe d'Anglais, comme il s'y attendait, mais d'une petite armée de volontaires royalistes. Ce fut lui qui apprit le premier au duc d'Aumont les récents événements, qui venaient de s'accomplir à Paris. Et, bien qu'il fût chargé par le commandant de la 14e division de négocier avec l'ennemi, il pensa qu'il n'outrepasserait pas ses pouvoirs en assurant au chef de l'expédition qu'il pou-

(1) Parmi les 9 prisonniers, qui furent deux jours après remis en liberté, se trouvait le major de l'artillerie anglaise, Pynn. Dans son *rapport de la soirée du 7 juillet 1815 (Journal du Calvados*, du 15 juillet), le major du génie Missy, l'un des prisonniers, se plaint de la conduite du parlementaire, l'adjudant commandant Corbet, qui aurait eu la lâcheté de se réfugier, avec son trompette, dans une grange, pendant le combat, ou plutôt la simple rencontre des officiers royalistes avec une troupe de chasseurs. Quoique cette accusation fût bien invraisemblable, le chef de l'état-major de la 14e division militaire crut devoir se justifier en publiant une réponse dans le *Journal du Calvados* du 22 juillet. Il y raconte comment, après avoir reconnu que les cavaliers appartenaient à la 14e division, il s'était élancé au-devant d'eux au péril de sa vie pour les arrêter et les empêcher de faire des prisonniers. « J'ai rempli une mission très-épineuse, dit-il en terminant, j'ai bravé la fureur des deux partis, j'ai empêché l'effusion du sang français, j'ai fait mon devoir, et ceux-là même, qui me doivent la vie, sont les premiers à me calomnier. »

vait compter sur les dispositions pacifiques du général Vedel. Le sous-préfet de Bayeux, invité par le duc d'Aumont à donner son avis, appuya chaleureusement les propositions du parlementaire, en insistant sur les dommages qui résulteraient pour le pays d'un commencement d'hostilités. On parla donc de paix, et les bases en furent arrêtées verbalement; car le colonel Corbet ne voulut pas s'engager par écrit, avant d'avoir rendu compte de sa mission au général en chef.

Il était environ une heure de l'après-midi lorsque le parlementaire quitta Bayeux pour retourner auprès de Vedel.

Celui-ci avait quitté Caen vers onze heures du matin, convaincu encore, comme tous les fonctionnaires civils ou militaires. qu'il s'agissait de défendre la côte d'Arromanches contre les Anglais (1). Il emmenait avec lui deux canons, une grande partie du dépôt du 9e chasseurs à cheval et quelques hommes de son infanterie, dont il laissait le plus grand nombre à Caen, pour contenir les royalistes qu'il avait de justes raisons de redouter.

Arrivé à Martragny, village situé à deux lieues de Bayeux, il y établit son camp. C'est là que son chef d'état-major, le colonel Corbet, vint lui annoncer la

(1) Cela résulte de lettres du 7 juillet, l'une au maire de Caen, l'autre au commandant du château de Caen (celle-là datée de 11 heures du matin), relatives à l'envoi de 16 chevaux, qui devaient être attelés aux canons et caissons. – *Archives du Calvados*; Batterie mobile à Caen.

véritable nationalité des troupes qui avaient débarqué à Arromanches. Que se passa-t-il dans l'esprit du général Vedel, lorsqu'il apprit qu'il avait en face de lui des partisans armés de Louis XVIII ?

Tous ceux qui, soit dans des articles de journaux, soit dans des mémoires inédits, ont laissé un écho de l'opinion royaliste du temps, accusent Vedel d'avoir essayé de leurrer le duc d'Aumont d'un espoir chimérique de transaction. Suivant eux, il n'aurait continué les pourparlers, pendant toute la journée du 7, que pour endormir la vigilance du chef des royalistes et se donner le temps de concentrer ses troupes dans les environs de Bayeux. Il aurait méconnu les conventions pacifiques, arrêtées verbalement entre les deux partis, et exigé de nouvelles conditions. Des escadrons de chasseurs, violant les préliminaires du traité, auraient même tenté d'entrer dans Bayeux, où ils auraient pénétré sans la ferme attitude de M. Gardin de Villers, qui leur opposa avec intrépidité un faible détachement de la garde urbaine (1). En un mot, sa conduite aurait eu les apparences d'une telle duplicité que le duc d'Aumont, persuadé que ces négociations prolongées cachaient un piège, aurait épargné à la ville les malheurs d'une attaque en prenant la résolution de quitter Bayeux.

Il est certain que, dans la soirée du 7 juillet, le chef de l'expédition, qui ne se souciait pas d'avoir un engagement avec des troupes régulières, sortit de la ville et porta toutes ses forces au Quesnoy, où il

(1) *Journal du Calvados*, du 15 juillet.

établit son quartier général chez M. de Val-Hébert. Le lendemain, il s'éloigna encore et fit camper ses volontaires dans le canton de Caumont, au village de Livry. Il installa son état-major dans le château mis à sa disposition par son propriétaire, Monsieur Étienne de Livry, l'un des premiers royalistes qui étaient venus lui offrir leur service après le débarquement à Arromanches.

Mais son but, son véritable but, n'était pas, comme on l'a dit, d'échapper à quelque machiavélique stratagème de son adversaire. Peut-être connaissait-il déjà les réels sentiments du général Vedel. Dans tous les cas, il voulait mettre, entre ses troupes et celles du commandant de la 14e division, assez de distance pour qu'il eût le loisir d'organiser, en toute sécurité, le camp où toutes les recrues royalistes du département devaient se donner rendez-vous.

Quant à Vedel, ancien frère d'armes du duc d'Aumont avant le 20 mars, nommé chevalier de Saint-Louis par Louis XVIII en 1814, depuis qu'il avait appris l'abdication de Napoléon et connu la proclamation du roi en marche sur Paris, il n'était pas douteux qu'il fût tout prêt à se rallier à la nouvelle Restauration qui se préparait. Mais sa situation de commandant des forces militaires de la 14e division l'obligeait à des ménagements. Vis-à-vis de ses troupes, il lui fallait jouer la comédie de la résistance aux entreprises des royalistes. Le 9e chasseurs à cheval surtout demandait à être conduit avec la plus habile prudence ; car il comptait dans ses rangs beaucoup de bonapartistes exaltés, entre autres son major qui, dès les premiers jours du retour de l'île d'Elbe, s'était audacieusement promené dans les rues de Caen avec la cocarde tricolore (1).

C'est ainsi que, lors de son arrivée au village de Martragny, où il établit son camp, Vedel avait été aux prises avec les plus redoutables complications. Le maire de la commune, informé de l'entrée du duc d'Aumont à Bayeux, s'était déjà empressé d'arborer le drapeau blanc et de rejoindre, avec quelques-uns de ses administrés, la troupe des royalistes. Quand cette nouvelle fut connue des chasseurs du 9e, les cavaliers auraient bien voulu, pour se venger, mettre à sac la maison du maire, qui était aubergiste. Mais l'autorité du général se fit sentir avec tant de souplesse que la tentative de pillage se confondit avec le droit de réquisition, dont l'indemnité fut réglée plus tard dans son intégralité (2). Toutefois il lui fallut donner satisfaction à l'ardeur de ses hommes. Il en envoya quelques-uns reprendre la redoute occupée le matin par les royalistes. D'autres escortèrent un parlementaire, chargé de porter la copie d'un armistice au commandant de la flottille anglaise ancrée devant Arromanches (3). Plusieurs reçurent l'ordre de faire des reconnaissances dans les environs, jusqu'aux portes de Bayeux.

(1) *Journal du Calvados*, du 5 août 1815.

(2) Mémoire présenté le 14 août 1817 au Conseil municipal de Martragny pour l'apurement des comptes du maire démissionnaire. *Archives du Calvados*. Liasse secrétariat.

(3) Lettre de James Stirling, commandant le *Blunker*, publiée dans *Un mot....* par Mme Rochelle de Brécy.

C'est l'approche d'une de ces patrouilles, plus menaçante que les autres, qui autorisa sans doute certains royalistes à répandre le bruit que la ville avait été occupée, malgré la foi des traités, par les troupes de Vedel. La vérité, c'est que le général, qui tenait encore soi-disant pour l'Empire, n'était pas fâché de donner des gages de bienveillance aux royalistes.

« J'ai l'honneur, écrivait-il au maire de Bayeux (1), de vous prévenir que je compte faire occuper aujourd'hui la ville de Bayeux, *à moins qu'elle ne le soit* par le duc d'Aumont, à qui je vous invite de faire parvenir cette lettre. C'est de son silence, ou de sa réponse, que je me déterminerai ».

On ne pouvait plus humblement céder la place à l'auteur du débarquement d'Arromanches. Malgré les forces dont il disposait, le général acceptait le fait accompli et invitait les 150 volontaires royalistes à s'installer dans la ville qu'ils avaient occupée sans combat. A l'instant où il écrivait cet aveu d'impuissance, ou plutôt cette reconnaissance implicite du gouvernement dont l'aurore commençait à poindre, Vedel ignorait encore le départ clandestin du duc d'Aumont. Mais, le même jour, il en eut connaissance et reçut en même temps, dès neuf heures du matin (2), de la part du chef royaliste, de nouvelles propositions d'arrangement.

(1) Lettre du comte de Vedel, du 8 juillet 1815. — *Archives municipales de Bayeux*. Liasse 23. — 1815 : L.

(2) Lettre du préfet du Calvados au sous-préfet de Lisieux, du

On lui faisait la partie belle. L'ennemi s'éloignait et demandait à traiter. Va-t-il devenir plus exigeant, parler en vainqueur? Aucunement. C'est Vedel qui fera sa soumission.

Toute la journée et toute la soirée du 8 juillet se passent à parlementer sur les termes mêmes du traité, qui fut communiqué officiellement, dès le lendemain matin, au préfet du Calvados (1).

Une première convention, couverte de ratures et de renvois à la marge, fut signée le 8 juillet par le comte de Vedel. Elle fut suivie d'une seconde minute, légèrement modifiée et signée, d'une part, par le général Vedel, par son chef d'état-major, le colonel Corbet et par le capitaine Chapelain, du 57e de ligne; d'autre part, au nom du duc d'Aumont, par le major de Labarthe, son premier aide de camp (2).

Aux termes de ce traité, les deux parties, reconnaissant que tout annonçait un prochain changement dans l'état politique de la France, regardaient comme inutiles, et peut-être même nuisibles, toutes entreprises militaires.

En conséquence, l'article 1er décidait que « toutes mesures hostiles cesseraient à partir de l'instant où le traité aurait été signé ».

Par l'article 2 le comte de Vedel prenait l'engagement de retirer immédiatement ses vedettes et avant-

9 juillet 1815. — *Archives du Calvados;* Liasse ou cartons histoire.

(1) Ibid.

(2) Les deux minutes de ce traité se trouvent aux *Archives municipales de Bayeux.* Liasse 23, 1815 : L.

gardes jusqu'à la distance de deux lieues de la ville de Bayeux et du château de Livry, près Caumont, occupé militairement par le duc d'Aumont, qui, de son côté, laisserait libre de troupes cette distance de deux lieues.

En outre le général Vedel promettait de délivrer Messieurs de Missy, de Grimouville, et autres prisonniers faits par ses troupes.

Les derniers articles doivent être cités dans leur intégralité.

« Art. 6. — Le duc d'Aumont aura la faculté d'envoyer chercher à bord des bâtiments anglais, qui se trouvent sur la côte du Calvados, les effets qu'il y a laissés, appartenant soit à lui, soit aux militaires qui l'ont suivi. Ces effets seront garantis sains et saufs par le baron de Vedel, qui donnera en outre un permis pour le débarquement à Honfleur de 5 chevaux appartenant au duc d'Aumont, et qu'il se charge de lui faire parvenir en sûreté dans le lieu que le duc d'Aumont lui désignera.

« Art. 7. — Comme le but principal du présent traité est de maintenir la tranquillité publique et d'éviter toute effusion du sang français, malheureusement trop prodigué jusqu'à présent, le duc d'Aumont s'oblige à porter par tous les moyens les habitants du département du Calvados à vivre en paix et en tranquillité, et à attendre dans le calme le résultat des prochaines déterminations, qui seront infailliblement prises sur le sort du gouvernement français; comme aussi à instruire de sa résolution actuelle le commandant des forces britanniques, qui croisent sur la côte du Calvados et de la Manche, pour qu'il ne soit fait aucun débarquement de troupes par led. commandant et les bâtiments qu'il a sous ses ordres.

« Art. 8. — Le baron de Vedel garantit la sûreté et l'inviolabilité des fonctionnaires publics et des habitants de la ville de Bayeux. Il promet qu'ils ne seront nullement recherchés, ni inquiétés, pour ce qui se sera passé durant le séjour du duc d'Aumont et de sa troupe dans ladite ville. Pour assurer et garantir l'exécution des présentes, les lieutenants généraux duc d'Aumont et de Vedel se fourniront réciproquement deux otages. Ils déclarent au surplus l'un et l'autre, en gens d'honneur, que la bonne foi et la loyauté président de part et d'autre à la présente convention qui sera strictement exécutée.

« Art. 9 et dernier. — Ce qui aurait pu être omis ou insuffisamment expliqué dans le présent le sera en faveur du duc d'Aumont, de sa troupe et de la ville de Bayeux. »

Ce dernier article est caractéristique et suffit seul à donner une idée juste de la situation. Ce n'était pas Vedel qui parlait en maître, avec ses troupes régulières, bien armées et suffisamment disciplinées. C'était le duc d'Aumont, avec ses quelques cavaliers montés sur des chevaux de louage, qui, sans avoir tiré un coup de fusil, et. battant en retraite, dictait et imposait ses volontés.

Il ne pouvait en être autrement : car il savait la victoire de la royauté prochaine. Il se sentait surtout soutenu par l'opinion publique, qui en se dérobant sous Napoléon, laissait, comme le voulait La Boëtie, le colosse « fondre en bas et se rompre ».

De tous les côtés ,des volontaires royalistes accouraient à Livry se ranger sous le drapeau blanc, brodé pour l'expédition par la duchesse d'Angoulême. Than, Reviers, la Délivrande, Bernières, Villiers, Martragny et nombre d'autres communes du littoral (1) venaient grossir de leurs contingents l'infanterie du duc d'Aumont. Dans le canton de Tilly, la brigade de gendarmerie, éludant l'exécution des ordres qu'elle recevait des autorités militaires, secondait au contraire les démarches d'un royaliste, M. de Magny, qui était chargé de recruter des soldats pour le camp de Livry (2).

Outre ces nouveaux contingents, le duc d'Aumont voyait bientôt arriver, comme il l'avait espéré d'ailleurs, la plus grande partie des anciens corps de volontaires, licenciés au 20 mars, troupes déjà aguerries et qui avaient gardé leurs armes et leurs équipements. C'est ainsi qu'à la première nouvelle du débarquement, le chevalier Labbey de Druval lui amena deux cent quatre-vingt cavaliers (3). Le 9 juillet, grâce à la complaisance latente de l'autorité militaire qui fermait les yeux, le comte de Guernon-Ranville eut l'audace facile de réunir ses anciens volontaires du mois de mars, avec lesquels il sortit de Caen, pour

(1) *Journal du Calvados*, n° du 22 juillet 1815.

(2) Certificat du sieur Labarthe, garde-royal, pour attester les services rendus au roi par le sieur Foison, brigadier de gendarmerie à Tilly et ses hommes. — *Archives du Calvados*.

(3) *Journal du Calvados*, du 15 juillet 1815.

convoyer jusqu'à Livry une voiture chargée d'armes et de cartouches (1).

L'arrivée de ce convoi dut faire sensation, s'il faut se fier au témoignage d'un royaliste contemporain, le colonel de Gonneville, qui avait décidé quelques-uns de ses parents et plusieurs paysans à le suivre au camp de Livry. Car le nouveau venu avait été frappé du peu de solidité des soldats, qui lui parurent « au-dessous de tout ce qu'on peut imaginer » et prêts à « se disperser à la moindre agression ». L'état de l'armement et l'absence de commandement lui firent une impression non moins pénible.

« Les armes manquaient, écrit-il dans ses *Souvenirs militaires* (2) : des pistolets de poche et de mauvaises épées rouillées étaient à peu près les seuls moyens d'attaque et de défense de ceux qui figuraient dans ce rassemblement : aussi, quand notre petite troupe, armée de fusils à deux coups, parut, on la considéra comme un renfort respectable. Le duc d'Aumont, pauvre homme, n'avait aucune réputation militaire. Renfermé dans le château de Livry, il ne prenait pas même le soin d'organiser tant bien que mal les quelques centaines d'hommes arrivés de divers côtés et qui, bivouaqués dans les cours, ne savaient quelle direction on allait leur donner, ni celle qu'ils pourraient prendre d'eux-mêmes en cas de mutisme de

(1) Manuscrit Hautefeuille.

(2) *Souvenirs militaires du colonel de Gonneville, publiés par la comtesse de Mirabeau, sa fille;* page 340.

l'autorité à laquelle ils étaient venus volontairement se soumettre ».

L'aspect du camp était en effet navrant pour un officier qui venait, sans arrière pensée, offrir son épée à la cause royaliste. Ce n'était pas un rendez-vous guerrier, mais un centre d'intrigues, où la politique occupait la première place. A quoi bon se préoccuper d'organiser des troupes, qu'on savait bien ne devoir jamais mener au combat? C'était une bataille sans larmes qui devait se livrer, et non sans rires. Car le chef de l'expédition, tout occupé à donner des ordres aux autorités civiles, se gaudissait certainement de la parade militaire qui se jouait grotesquement sous ses yeux dans la cour du château.

Son cabinet n'était plus celui d'un général en chef; c'était le bureau d'un ministre qui promet des faveurs, nomme ou destitue, et donne des signatures. Son rôle belliqueux était fini, ou plutôt n'avait jamais commencé. Il savait que sa rentrée triomphale à Caen n'était plus qu'une question de jours, d'heures peut-être. Et, en attendant, muni de pleins pouvoirs, il remplissait activement ses fonctions de commissaire extraordinaire du roi.

Provisoirement il règne sur Bayeux et son arrondissement. Au sous-préfet, il donne l'ordre (1) de faire réinstaller dans ses fonctions l'ancien maire de la ville suspendu par une disposition du « gouvernement usurpateur ». Il envoie dans la commune de Trévières

(1) Minutes de la sous-préfecture de Bayeux. — *Archives du Calvados*.

un détachement de gendarmes chargés de s'emparer du drapeau tricolore attaché à la tour de l'église, d'arrêter le maire si celui-ci s'oppose à cette mesure, et de l'amener à son quartier général pour qu'il prononce sur son compte (1). A Cricqueville, le propriétaire d'un arbre, au sommet duquel flottent les couleurs proscrites, prétend qu'il est impossible de les ôter parce que l'arbre, étant émondé, il devient difficile d'y monter. Immédiatement le duc enjoint d'abattre le corps du délit (2). Quatre-vingt six chevaux sont distraits de la remonte de Caen ; le duc, à qui rien n'échappe, envoie des instructions pour qu'on les mette à sa disposition (3). Et, comme il n'ignore pas que l'argent, s'il est le nerf de la guerre, est surtout le grand entreteneur de la politique, il ne perd pas de vue un seul instant les caisses publiques, et défend au receveur particulier de Bayeux d'acquitter les mandats qui lui sont présentés ; car il ne veut pas laisser aux partis hostiles les fonds qui lui sont nécessaires (4).

Et jamais en effet le prodigue qu'il était (et fut toujours) n'eut tant besoin d'espèces pour subvenir, non seulement à ses dépenses personnelles, mais encore aux demandes dont il était assailli.

« Il y avait, dit le colonel de Gonneville dans ses *Souvenirs militaires* (5), une explosion de prétentions

(1) (2) (3) et (4) Minutes de la sous-préfecture de Bayeux, 12 et 13 juillet 1815. — *Archives du Calvados.*

(5) Page 340.

personnelles comme on n'en avait, je crois, jamais vu jusque-là. Il était curieux d'entendre chacun se faire d'avance une large part de grades et de faveurs de toutes sortes, chacun comptant sur une nouvelle Restauration que la marche des événements de la guerre rendait du reste à peu près certaine. Des gens, qui n'avaient jamais rien fait et qui, pour la plupart, paraissaient incapables de rien faire, cherchaient à se persuader que, d'avoir rejoint le duc d'Aumont dans une circonstance *aussi périlleuse*, était un acte de dévouement et d'héroïsme qui devait justifier les plus hautes prétentions. Du reste, il faut rendre cette justice que tel, qui avait rêvé l'épaulette de général, ou une préfecture, accepta sans vergogne une perception de douze cents francs, ou un autre emploi équivalent. Le plus grand nombre n'obtint rien, et ce fut justice ».

Pour échapper peut-être à la meute assourdissante des solliciteurs, le duc d'Aumont vint passer à Bayeux les journées du 10 et du 11 juillet. Il y fut reçu avec un enthousiasme qui « éclata d'autant plus vivement, « dit avec assez de naïveté le rédacteur des *Affiches* (1), « qu'il n'était plus mêlé d'aucune crainte. Des dra- « peaux blancs ont paru à toutes les fenêtres pendant « plusieurs jours; une illumination générale et spon- « tanée a eu lieu le soir; la sérénité et la joie se « peignaient sur tous les visages, des danses et des « chants se faisaient remarquer dans toutes les rues

(1) *Affiches de Bayeux*, du 18 juillet 1815

« et se sont prolongés encore le lendemain. En té-
« moignage de son contentement de la conduite qu'a
« tenue la ville de Bayeux, M. le duc d'Aumont a
« promis de déposer dans cette ville le drapeau blanc
« donné à sa troupe par Madame la duchesse d'An-
« goulême.... »

V

Pendant le séjour du duc d'Aumont à Bayeux, des événements décisifs avaient lieu à Caen. Le lundi 10 juillet, immédiatement après l'arrivée du courrier de Paris, M. Ramel, préfet du Calvados, faisait afficher la démission des membres de la Commission du Gouvernement. « Ses délibérations n'étant plus libres », le Gouvernement provisoire regardait sa mission comme terminée depuis la déclaration des ministres et généraux des puissances alliées, dont les souverains s'étaient engagés à replacer Louis XVIII sur le trône.

Au bas de cette affiche, le préfet ajoutait :

« Habitants du département du Calvados, S. M. Louis XVIII a pris les rênes du Gouvernement ; elle ne pourra apprendre qu'avec le plus vif intérêt qu'en son absence la tranquillité publique s'est maintenue dans le département du Calvados, et que le sang d'aucun de ses habitans n'a été versé. Vos magistrats ont atteint le but de leur sollicitude : vous acheverez l'œuvre en vous maintenant dans le calme qui convient si bien à votre caractère et à votre générosité. »

En même temps, le maire de Caen, M. Lentaigne de Logivière, faisait placarder la proclamation suivante : (1)

« Louis XVIII est rendu aux vœux de la France.

« Le drapeau blanc flotte sur les tours de la Capitale. La ville de Caen peut l'arborer. Aucun citoyen, dans les transports de la joie, ne se livrera à des excès qui le déshonoreraient.

« Les militaires conserveront les trois couleurs, jusqu'à ce qu'ils aient reçu des ordres du Gouvernement, et chaque citoyen se fera un devoir de respecter la position des braves qui sont nos frères. »

Cet avis manquait de chaleur ; car le maire de Caen, décoré par l'Empereur, était un impérialiste avéré. Le *Journal du Calvados*, dont les opinions tournaient à tous les vents, n'en rendait pas moins hommage à la *fidélité* du maire (2), ajoutant que son appel avait été entendu. Suivant lui, dès dix heures du matin, plus de mille drapeaux flottaient aux fenêtres, et dix mille royalistes arboraient la cocarde blanche. Mais l'enthousiasme dut se borner à ces anodines manifestations ; car le maire faisait suivre sa première proclamation d'un avis, où il rappelait aux habitants les lois et règlements qui défendaient de tirer des coups de feu, pétards ou fusées (3). Ainsi point de feux d'ar-

(1) *Archives municipales.*

(2) N° du 5 août 1815.

(3) *Archives municipales.*

tifice ! c'était la revanche de l'administrateur bonapartiste sur le devoir pénible qu'il avait accompli en saluant officiellement le retour de Louis XVIII. Mesure sage d'ailleurs, et qui venait à point dans ces temps troublés.

Ce ne fut pas la seule qu'on dut au sang-froid d'un maire qui, sans enthousiasme, rendit, en cette circonstance, à la cause de l'ordre un service que l'on n'aurait pu attendre d'un fonctionnaire passionné.

Après avoir fait appel aux sentiments de conciliation de la population civile, il s'employa non moins activement à s'assurer le concours pacifique des autorités militaires.

« Monsieur le général, écrivait-il le 10 juillet (1) aux généraux Boisserolles et Vedel, je m'empresse de vous transmettre copies de la proclamation que je viens de faire aux habitans de la ville de Caen après m'être concerté avec M. le Préfet de ce département. J'ai tout lieu d'espérer qu'en même temps que les citoyens n'oublieront pas les égards qu'ils doivent aux militaires, les militaires ne perdront pas de vue qu'ils sont nos enfans et qu'en embrassant la cause du Gouvernement actuel nous le faisons dans des vues d'intérêt et de bonheur pour eux et pour nous. Et comment, M. le Général, le méconnaîtraient-ils lorsque c'est vous qui les guidez dans le sentier de l'honneur et du devoir. Je compte sur votre dévouement... »

(1) *Archives municipales :* Correspondance. Registre 16 : Copie de lettres, 1815-1816.

Le maire de Caen ne pouvait mieux placer sa confiance ; car il recevait, le même jour, une lettre de Vedel (1) qui lui annonçait qu'il avait cru devoir, par prudence, conduire ses troupes en dehors de la ville. Il ajoutait qu'il les avait fait camper au bourg de la Maladrerie, afin d'éviter tout conflit avec la population civile et de disposer peu à peu l'esprit du soldat à accepter les événements accomplis. Il espérait que ses hommes s'habitueraient ainsi à obéir aux ordres que le nouveau gouvernement ne tarderait pas à lui envoyer. Dans tous les cas, il garantissait qu'il ne serait « fait aucune insulte aux habitants, ni à la couleur de la France. »

De son côté le général Boisserolles, qui occupait le Château avec une petite garnison, écrivait au maire (2) : « Je crois qu'il est utile, pour la tranquil- « lité et pour faciliter l'union dans la ville, de faire « monter au Château un détachement de la Garde- « Nationale. J'ai l'honneur de vous prier de requérir « 25 hommes auxquels j'assignerai un poste. »

Cette lettre a son importance. Car elle réfute péremptoirement tous les récits fantaisistes des royalistes, qui ont voulu se donner le mérite d'avoir eu quelque résistance à vaincre. A la date du 10 juillet, les deux généraux Boisserolles et Vedel avaient fait leur soumission complète. En présence du maire de

(1) *Archives municipales.* Carton 102. Correspondance. 1814-1815

(2) *Archives municipales.* Carton 37. Secrétariat. Correspondance 1815.

Caen, le général Boisserolles fit arborer le drapeau blanc sur les remparts du Château. Il céda ensuite le poste d'honneur à un détachement de la garde nationale, commandé par son ancien colonel, le comte Charles d'Hautefeuille, qui avait repris ses fonctions (1). Et des salves nombreuses d'artillerie annoncèrent à la ville que la vieille forteresse venait d'être confiée à la garde des royalistes (2).

Dans la soirée du même jour le commandant de la 14e division militaire leva son camp de la Maladrerie et ramena ses troupes dans la ville. Les soldats portaient encore la cocarde tricolore, tandis que la plupart des habitants avaient la cocarde blanche. Un conflit était à craindre. Mais le général Vedel, comme il l'avait promis au maire dans sa lettre, sut exiger et obtenir de ses hommes une stricte discipline. Tout se passa dans le plus grand ordre, et il n'y eut, de part et d'autre, aucune démonstration hostile.

Comment, en présence d'une attitude si conciliante, le comte d'Hautefeuille, dans sa *Notice sur les événements de 1815* (3) a-t-il pu écrire que Vedel avait « témoigné un instant l'intention de reprendre le Château » ? Si l'infortuné général cherchait alors à

(1) Un arrêté (du 4 juin 1815) de la Commission de la haute police de la 14e division avait révoqué le comte d'Hautefeuille, et l'avait remplacé, comme colonel de la garde nationale, par M. de Courville. — *Archives municipales*. Registre 16. Correspondance.

(2) *Journal du Calvados*, du 12 juillet.

(3) Page 103.

faire une conquête, c'était uniquement celle des royalistes influents, capables de lui donner un appui auprès de Louis XVIII. Il ne le prouva que trop, hélas ! le soir même, à l'auteur de la *Notice* qui nous a conservé, sous forme de dialogue, le long entretien qu'il eut avec Vedel.

Comme le colonel d'Hautefeuille insistait pour que Vedel cédât immédiatement le commandement de la 14e division militaire au duc d'Aumont, cet officier général aurait fait cette réponse lamentable :

« Eh bien ! que le duc d'Aumont consente à ce que « j'aille reprendre le commandement de la Manche, « comme je l'avais avant son départ, et je lui aban- « donnerai celui-ci. »

Ainsi, après avoir commandé la 14e division, Vedel se contentait d'une subdivision sous les ordres du duc d'Aumont, qui avait été son collègue avant le 20 mars ! Ainsi, après avoir été un des plus brillants officiers de l'Empire, après avoir obtenu son avancement sur vingt champs de bataille, où il avait reçu de nombreuses et graves blessures, Vedel acceptait ce marché humiliant ! Et, pour donner un gage à ses nouveaux protecteurs, dès le lendemain, 11 juillet, il publiait cet ordre du jour, où il reniait le drapeau tricolore qu'il avait si longtemps et si glorieusement servi.

« L'autorité du Roi est reconnue par toute la « France. L'armée de la Loire a fait sa soumission : « toutes les dissensions doivent cesser parmi nous ; « il ne doit plus exister dans le Royaume qu'un seul « signe de ralliement. Que la cocarde blanche soit

« l'emblème de la paix et de l'union de tous les « Français ! »

Pour imposer à sa dignité une si cruelle épreuve, peut-être que le vieux brave obéissait à de terribles nécessités, que nous ne connaissons pas. Mais, qu'il fût à plaindre ou à blâmer, le commandant de la 14e division ne retira de sa pitoyable attitude que déceptions et amertumes. Il fut mis en disponibilité, et le *Journal du Calvados* put dire irrévérencieusement, en parlant de son départ (1) : « Vedel est délogé *sans trompettes,* le jeudi 13. »

Dès le lendemain de l'entrevue, où il avait déterminé Vedel à lui donner pleins pouvoirs de traiter en son nom avec le duc d'Aumont, le comte d'Hautefeuille s'était rendu à Bayeux. Il s'y rencontra avec le chef de l'expédition, commissaire extraordinaire du roi, qui lui remit un ultimatum, par lequel il était ordonné à Vedel de renvoyer sur le champ ses troupes à leurs dépôts respectifs et de céder le commandement de la 14e division militaire au duc d'Aumont (2).

Par cette convention l'expédition se terminait au mieux sans effusion de sang. Le duc d'Aumont triomphait et pouvait se réjouir d'une victoire, qu'il avait remportée en temporisant, sans brûler une cartouche. Il n'avait plus qu'à licencier les soldats improvisés, qui étaient venus se ranger sous l'étendard fleurdelisé de la duchesse d'Angoulême. Déjà il avait ordonné au vieux chef de chouans, Moulin, de

(1) Numéro du 5 août 1815.

(2) Manuscrit Hautefeuille.

congédier les partisans qu'il avait recrutés dans le Bocage (1). Mais, soit qu'il lui fût difficile de renvoyer dans leurs foyers sans compensation les gens qui étaient accourus au camp de Livry ; soit qu'il songeât à s'en faire une escorte d'honneur pour entourer d'un prestige guerrier la fin d'une expédition, où la poudre avait moins parlé que les parlementaires, il écrivit au sous-préfet de Bayeux qu'il eût à faire les préparatifs nécessaires pour loger et nourrir une troupe de six cents (2) hommes, qu'il amènerait dans la ville le 13 juillet.

C'est ce jour-là que fut levé le camp de Livry, au désespoir des habitants du village. Car les royalistes y menaient joyeuse vie (3), et, à côté des officiers et volontaires, qui jetaient beaucoup d'argent dans le pays, il y avait aussi la foule des solliciteurs, qui l'enrichissaient en venant faire leur cour au tout puissant commissaire extraordinaire du roi.

Comme il l'avait annoncé au sous-préfet, le duc d'Aumont arriva à Bayeux, avec sa troupe de volontaires, à dix heures du matin. Le Conseil municipal l'y attendait, à l'entrée de la ville. Après lui avoir exprimé, par l'organe de son président, les vrais sentiments de la cité pour lui et ses braves, il le remercia de la confiance qu'il lui avait marquée en lui

(1) *Louis de Frotté* par de la Sicotière, tome II, page 714.

(2) Lettre du sous-préfet au maire de Bayeux, du 13 juillet 1815. — Archives municipales de Bayeux. Liasse 23; 1815: L.

(3) Souvenirs d'un contemporain, transmis à l'auteur par le maire actuel de Livry, M. Vitard.

confiant le dépôt précieux de l'étendard brodé par la duchesse d'Angoulême. Il ajouta que, dans sa délibération de la veille (1), il avait été arrêté qu'il serait présenté une supplique au roi, pour demander qu'il fût permis à la ville de Bayeux d'ajouter, à l'écu de ses armes, le drapeau dont elle avait reçu la garde.

Le duc d'Aumont approuva le projet, et l'un de ses premiers arrêtés. signés à son quartier général de Bayeux, fut l'acte par lequel il choisit les personnes destinées à remplacer, pendant leur absence, le maire et l'adjoint de la ville, chargés de présenter au roi l'adresse votée par le Conseil municipal (2).

Dans la même journée, il prit un autre arrêté (3) pour destituer le maire et l'adjoint d'Arromanches, qui s'étaient signalés, en mainte circonstance, et probablement le jour même du débarquement, par leur zèle bonapartiste. En nommant, pour les remplacer, des hommes connus pour leur attachement au roi, il ordonnait à ces derniers d'entrer immédiatement en fonctions.

Tandis que le duc d'Aumont affirmait son autorité par des actes, où la politique prenait plus de place que la question militaire, ses six cents volontaires du camp de Livry passaient la nuit sur la paille que,

(1) Séance du 12 juillet 1815. *Archives municipales de Bayeux*. Registre d'ordre 4. — D. 7.

(2) *Archives municipales de Bayeux*. Liasse 23. 1815 : L.

(3) Extrait de cet arrêté dans la lettre adressée le 13 juillet au maire d'Arromanches par le sous-préfet de Bayeux. — *Archives du Calvados :* Minutes de la sous-préfecture de Bayeux.

faute de lits, on avait étendue sur le pavé des casernes.

Le lendemain 14 juillet, au point du jour, cette troupe partit, grossie par le concours de nombreux Bayeusains et d'élèves du collège de la ville. A onze heures du matin, après une longue étape, le duc d'Aumont fit son entrée dans la ville de Caen.

Le maire, M. Lentaigne-Logivière, était allé au-devant de lui jusqu'à la barrière, pour le complimenter. Dans son discours, il lui assura « qu'il n'y avait pas dans la ville un cœur, un vœu qui ne fût pour le roi ». Cette déclaration devait d'autant plus coûter à l'orateur, bonapartiste d'antan, qu'elle était conforme à la vérité.

Dès que le cortège du duc d'Aumont parut à l'entrée de la ville, au bruit des cloches et du canon, il fut salué par les acclamations d'une foule enthousiaste. La marche triomphale était ouverte par un détachement des cent cinquante *preux*, comme les appelait Mme Rochelle de Brécy, qui avaient débarqué à Arromanches.

Venaient ensuite des jeunes gens vêtus de blanc, aux couleurs des Bourbons, et portant le buste du roi, couronné de lauriers. Le choix de cet ornement était malheureux ; car il pouvait prêter à de fâcheuses interprétations. Le rédacteur du *Journal du Calvados* en eut d'ailleurs le sentiment, lorsqu'il écrivit, dans son compte-rendu (1) de l'entrée du duc d'Aumont : « Je crois qu'un diadème d'olivier aurait mieux con-

(1) N° du 19 juillet 1815, auquel nous empruntons la plupart des détails relatifs à l'entrée à Caen du duc d'Aumont.

venu, aurait été plus goûté; c'est la fleur de la sagesse et de la paix qui doit seule ombrager le front du plus indulgent, du plus conciliant des monarques ».

La garde nationale de Caen, commandée par son colonel, le comte Charles d'Hautefeuille, suivait immédiatement les jeunes gens de la ville. Après elle, la garde urbaine de Bayeux, puis la compagnie des volontaires royaux avec son capitaine, Guernon de Ranville, et la troupe des paysans qui avaient abandonné leurs villages pour se ranger, au camp de Livry, sous l'étendard royal.

Pendant le défilé des troupes, la multitude les acclamait, aux cris répétés de: Vive le roi! vivent les Bourbons! Lorsqu'on vit enfin s'avancer le duc d'Aumont, à la tête d'un brillant état-major, où l'on remarquait entre autres officiers Alexis Dumesnil, Eugène d'Hautefeuille (1), le marquis Étienne de Livry, de Saint-Simon, les applaudissements redoublèrent; et ce fut une joie délirante.

Après avoir passé dans plusieurs rues, ornées de drapeaux et de guirlandes, le cortège, qui était formé

(1) Eugène Texien, comte d'Hautefeuille, était le frère cadet du comte d'Hautefeuille, colonel de la garde nationale de Caen. Il avait obtenu une sous-lieutenance dans le 5e régiment de dragons pendant la guerre d'Espagne. Séparé de sa femme, auteur de plusieurs ouvrages, il plaisantait agréablement à ce sujet. Le général Laroche lui ayant dit la veille d'une bataille: « Prenez garde à vous, car si votre femme était veuve, je l'épouserais », il répondit spirituellement: « Je voudrais bien, mon général, que la chose pût s'arranger sans que je fusse tué. » — *Souvenirs militaires* du colonel de Gonneville ; pages 94 et 95.

par les chasseurs à cheval de M. de Druval, fit halte sur le *Cours la Reine*. Là, le duc d'Aumont traversa tous les rangs pour y faire entendre l'expression de son contentement ; puis il se rendit à l'église Saint-Étienne où, sur la convocation qu'il leur avait fait transmettre par le maire (1), toutes les autorités s'étaient réunies. Un *Te Deum* y fut chanté en actions de grâces des heureux événements, qui avaient ramené le duc au chef-lieu de son commandement militaire.

Le soir, toutes les maisons furent illuminées. Des rondes se formèrent dans les rues et sur les places publiques. Des femmes et des jeunes filles, accompagnées d'ecclésiastiques, portaient des branches de laurier, des tiges d'asperges et de fenouil, nouées avec des rubans blancs (2). On dansait, on chantait et on répétait, à gorge déployée, des couplets, composés pour la circonstance (3), où revenait sans cesse ce refrain, pauvrement rimé :

Pour servir les Bourbons
Sous le brave d'Aumont !

La fête se prolongea fort avant dans la nuit, dit le

(1) Circulaire du maire, du 13 juillet, annonçant l'arrivée du duc d'Aumont. — *Archives municipales*. Correspondance: Registre 16.

(2) *Journal du Calvados*. Article du 22 novembre 1829, où l'on blâme la prochaine nomination de M. Guernon de Ranville comme ministre de l'Instruction publique.

(3) Nous parlerons plus tard de cette chanson qu'on avait attribuée, par erreur, à M. Guernon de Ranville.

Journal du Calvados, dont il faut citer les dernières paroles. « Hommes, femmes, enfants, militaires, gardes nationaux, bourgeois, ouvriers, ont pris part à ces danses, où régnait un aimable désordre, enfant de notre ivresse. La joie avait confondu tous les rangs ; ainsi que, dans le cœur de notre vertueux monarque, son amour pour son peuple confond tous les français. »

Cette honorable confusion ne dura pas longtemps, comme nous le verrons bientôt, et les agents, peut-être trop zélés, du bon père de famille ne tardèrent pas à faire de cruelles différences entre ses enfants. Mais, pour le moment, tout était à l'allégresse de la reprise de possession du pouvoir.

« Braves et bons habitants de Caen ! s'écriait le duc d'Aumont dans sa proclamation du 14 juillet, vous avez gémi pendant trois mois sous le joug insupportable de l'usurpateur du trône des Bourbons ; malgré toutes les séductions et tous les efforts des agens du despote, vous vous êtes maintenus fidèles et purs ; la ville de Caen est digne d'être la capitale d'une des provinces les plus royales de la France !

« En touchant le sol du Calvados, mon cœur s'est épanoui. J'ai dû imposer silence, pendant quelques jours, au sentiment qui me portait vers vous ; votre sûreté l'exigeait : je puis enfin mettre un terme à ce pénible sacrifice.

« Livrons-nous désormais à une joie aussi pure que l'objet qui la cause : la paix et le bonheur arrivent pour la seconde fois dans notre patrie avec Louis XVIII.

« N'altérons pas la sérénité qui règne sur le front auguste de notre bon Roi : les moindres désordres affligeraient son âme paternelle. Imitons sa généreuse magnanimité ; oublions les maux que nous avons soufferts ; que l'union et la concorde soient inséparables de ce drapeau blanc qu'honorent depuis tant de siècles les vertus de nos ancêtres. »

Par cette proclamation, le commissaire extraordinaire du roi invite les habitants de Caen à se livrer à la joie. Les fêtes commencent par une cérémonie religieuse. Le 20 juillet, on célèbre, dans l'église de Saint-Étienne, une messe solennelle d'actions de grâces, suivie d'un *Te Deum* pour remercier le ciel du retour de *Louis-le-Désiré* dans sa capitale. Le duc d'Aumont y assiste avec un nombreux et brillant état-major.

Puis viennent les fêtes profanes, bals et spectacles. Au théâtre, le 22 juillet, entre deux comédies, on jette sur la scène trois chansons en l'honneur des Bourbons. Aux cris de *Vive le Roi !* on en demande l'exécution aux artistes. Ceux-ci sont naturellement couverts d'applaudissements, malgré cette allusion, peut-être imprudente, à la victoire pacifique du héros de Livry :

Vive Louis, qui, sans canons,
Dans les cœurs fonde son empire (1).

Sur la même scène fut joué, peu de jours après, un

(1) *Journal du Calvados*, n° du 22 juillet.

acte de circonstance, la *Fête de Famille*, pour célébrer l'arrivée à Caen de la duchesse d'Aumont (1). Le 17 septembre, nouvelle pièce allégorique : *Momus à Newhaven* (2), où l'auteur exprime, par la bouche de ses personnages, les sentiments de respectueuse admiration que le commandant de la 14e division inspire à son corps d'armée.

Après le théâtre public, le théâtre à domicile. Le duc d'Aumont qui, avant la Révolution, avait été, sinon l'inventeur, au moins le vulgarisateur du fameux attelage auquel son nom est resté, a le mérite aussi de mettre à la mode les comédies de société. C'est dans son salon qu'on joue, le jour de la Saint-Charles, une saynette : *Le 4 Novembre*, écrite pour fêter tous les princes de la maison de Bourbon qui portent le nom de Charles (3).

(1) *Journal du Calvados*, no du 12 août.

(2) id. no du 20 septembre.

(3) *Le Journal du Calvados*, dans son no du 13 novembre 1817, dit que l'auteur de cette pièce, M. Chazet, y avait fait un couplet pour *Madame*. « Mais, ajoute-t-il, comme cette auguste princesse assistait à la représentation, dans la crainte de blesser sa modestie, le couplet n'a pas été chanté. Toutefois des personnes, qui l'avaient entendu à la répétition, l'ont retenu et nous sommes sûrs qu'on le lira avec plaisir » :

Dans son âme toute française
On trouve esprit, bonté, raison ;
Et de Marie et de Thérèse
Charlotte a soutenu le nom.
De l'indigence elle écoute la plainte ;
Dans le danger son cœur est en repos.
Le pauvre dit : c'est une sainte ;
Bordeaux nous dit : c'est un héros.

Le théâtre n'absorbe pas cependant tous les loisirs que lui laissent ses fonctions de commandant de la 14e division. Il sait se multiplier. Le jour de la fête du roi, dans la matinée, en présence de toutes les autorités réunies à Saint-Étienne, il reçoit chevaliers de Saint-Louis MM. Duhamel et Tartara, en se servant, « pour leur imposer l'inviolable sceau de la fidé-« lité, comme l'écrit le *Journal du Calvados* (1), d'une « épée fabriquée au temps des preux, qui, trouvée « dans les champs où se donna la mémorable bataille « de Formigny, date de temps encore plus anciens. » L'après-midi, il assiste aux grandes manœuvres exécutées dans la Prairie de Caen par la garnison et la garde nationale de la ville. Le soir, dans ses salons, il donne un grand bal, précédé d'une cantate exécutée par les membres les plus notables de la société caennaise.

Son activité se rit du temps et de l'espace, et va sans cesse du profane au sacré. Tantôt il assiste à un service funèbre pour le repos de l'âme de Marie-Antoinette (2), ou conduit le deuil à la pompe expiatoire du 16 *octobre* (3); tantôt il donne des réceptions brillantes dans son hôtel de la rue de l'Oratoire. Caen ne lui suffit pas. Il va, de ville en ville, passer des revues de la garde nationale, au bruit des salves d'artillerie. A Lisieux, il a le courage de prendre

(1) N° du 28 août 1816.

(2) *Journal du Calvados*, n° du 19 octobre 1816.

(3) id. n° du 18 octobre 1816.

part, pendant trois jours, à trois banquets, assaisonnés de couplets et suivis de bals (1).

C'était une fête perpétuelle, et l'homme de plaisir, que fut le duc d'Aumont avant la Révolution et sous la première Restauration, se retrouva dans son véritable élément. Hâtons-nous toutefois d'ajouter qu'il ne laissait pas en souffrance les affaires sérieuses.

Pour affirmer par des actes le caractère pacifique du nouveau gouvernement, il s'empressa de publier un arrêté (2) qui ordonnait le licenciement des canonniers gardes-côtes, devenus inutiles depuis que la guerre avait cessé avec les Anglais. Mesure essentiellement populaire, qui fut bientôt suivie d'un habile appel à la conciliation.

« Je sais, disait-il dans une proclamation du 5 août (3), que, par un zèle malentendu, on se permet de colporter de prétendues listes de fédérés, où figurent indistinctement des hommes flétris dans l'opinion publique et un grand nombre de citoyens honnêtes et recommandables. Le scandale doit cesser ; tous les Français ont droit à la protection du gouvernement paternel qui nous est rendu, quelles qu'aient été leurs opinions politiques.... Le plus sûr moyen d'attirer sur soi la bienveillance particulière du Prince qui nous gouverne, c'est de travailler sans cesse à anéantir le souvenir de tout ce qui s'est passé antérieurement au 8 juillet dernier.... »

(1) *Journal du Calvados*, n° du 13 novembre 1816.

(2) *Archives du Calvados* : Organisation des canonniers gardes-côtes.

(3) *Archives du Calvados.*

Tout eût été pour le mieux dans le meilleur des commandements militaires si le duc d'Aumont avait été compris. Mais il lui fallut bientôt constater que les prétendants, tout fraîchement acclamés, n'ont pas de pires ennemis que les amis qui prétendent avoir le plus fait pour les ramener au pouvoir.

Cette expérience, autant de fois répétée qu'il y a de changements de régimes, prouva une fois de plus au duc d'Aumont qu'il est plus facile de mener à bien une conspiration que d'en contenter les collaborateurs.

Comme il n'osait renvoyer les officiers qui l'avaient suivi dans son expédition, il s'obstina à conserver, malgré les ordres qu'il recevait, un corps de volontaires formé d'éléments tels qu'il n'y avait ni discipline, ni ordre à en espérer. Peu à peu les cadres de ses compagnies, jouissant d'une sorte de droit d'asile, servaient de refuge, sous le couvert du dévouement au roi, à tout ce qu'il y avait de suspect dans la province. Déjà, à la date du 25 juillet, le sous-préfet de Bayeux lui avait signalé, parmi ces nouvelles recrues, en le priant de sévir contre lui, un aventurier qui venait de commettre à Bayeux une tentative de meurtre sur un fédéré (1). Mais il ne paraît pas que le commandant de la 14e division ait donné suite à cette affaire.

Il ne s'inquiéta pas davantage des avertissements du maire de Caen relatifs au logement de ses troupes.

(1) Minutes de la sous-préfecture de Bayeux. — *Archives du Calvados.*

En vain le magistrat municipal lui rappelait-il les dispositions de la loi du 23 mai 1792, portant que le logement chez l'habitant ne doit être délivré aux officiers que pour trois jours (1). Le duc faisait la sourde oreille ; car il ne savait comment obliger ses 130 officiers et 90 gardes du roi, ayant rang d'officiers, à se loger à leurs frais. Ceux-ci en effet ne touchaient plus leurs appointements (2), et leur pénurie était si grande que l'on dut ouvrir, chez un notaire à Caen, une souscription pour leur fournir une solde et subvenir à leur entretien (3).

Des troupes, si irrégulièrement payées et si mal composées, devaient fatalement arriver à la mutinerie. Elles ne se révoltèrent pas contre le duc d'Aumont, qui était populaire. On le disait bon et bien intentionné. Peut-être, comme tous les hommes de plaisir, n'était-il qu'indifférent, inactif. Dans tous les cas, il laissait faire; et sa faiblesse amena de graves événements.

Ayant appris que le nouveau préfet du Calvados, le vicomte d'Houdetot, entré en fonctions le 24 juillet, avait conseillé au duc d'Aumont de licencier ses volontaires, ceux-ci résolurent de se venger et, dans la soirée du 31 juillet, envahirent en armes l'hôtel de la préfecture.

(1) Lettre du maire de Caen au duc d'Aumont, du 19 juillet 1815. — *Archives municipales*. Registre 16 ; copie de lettres.

(2) Lettre (du 17 sept. 1815) d'une demoiselle de Courson de la Villehalis au préfet du Calvados. — *Archives du Calvados* : 1815. Secrétariat.

(3) *Journal du Calvados*, du 9 août 1815.

« Vous avez lu mon rapport officiel, écrivait le vicomte d'Houdetot (1); je n'y dis point que j'ai été une demi-heure avec la pointe des épées et les sabres sur la tête, ne sachant comment cela finirait. Vous aurez vu que, très content, touché même de la conduite personnelle du duc d'Aumont, j'atténue autant que possible l'infâme conduite d'une partie de ses officiers. Celui qui m'a le plus menacé, et qui excitait tous les autres à me massacrer, en était un des principaux. Avant de l'admettre, on aurait dû savoir qu'il était redouté dans le pays comme un assassin et un furieux.

« Vous aurez vu que, ne voulant point faire couler le sang pour une injure personnelle, j'ai été bien aise que les coupables pussent quitter la France. Je ne doute pas que la violation à main armée du domicile d'un préfet, sa vie menacée et les ordres des ministres, saisis de force et déchirés avec outrage, n'eussent entraîné la peine capitale pour quelques-uns de ces énergumènes. Je ne sais si l'on m'en fera des reproches, mais j'ai senti le besoin d'éloigner de moi cette douleur, et j'ai pensé d'ailleurs que l'état présent des choses devait faire éviter de porter le deuil dans les familles. Ces misérables ont fui. J'espère qu'ils se sont mis à l'abri des poursuites qui seront ordonnées. On ne revoit plus un seul de ceux qui se sont portés chez moi.

« Tout ce qu'il y a de recommandable dans la ville

(1) Lettre (datée de Caen 1er août 1815) au baron de Barante, publiée dans les *Souvenirs du baron de Barante*; tome II, p. 187.

ne cesse de venir me témoigner son horreur pour l'outrage que j'ai reçu. Si quelque chose pouvait m'attacher au pays et au métier, ce serait assurément ces marques d'estime et d'intérêt. Mais, encore une fois, il y a trop de petites passions et trop peu de raison pour que je me sente la puissance d'y faire le bien. Les attentats contre moi ne m'inquiètent point, ni ne me dégoûtent de ma besogne, mais ma besogne me dégoûte même de l'honneur d'affronter les assassinats. »

Ce profond dégoût d'un honnête homme pour les honteuses compétitions de la politique, le vicomte d'Houdetot l'avait déjà exprimé loyalement à son correspondant dans une lettre du 30 juillet (1).

« Je suis ici, écrivait-il de Caen, le plus malheureux des hommes. Je n'y resterai pas; cela est au-dessus de mes forces et presque de ma conscience. Je ne suis pas fait pour me trouver au milieu de tant de passions et de si peu de raison. Ce pays n'a point souffert de la guerre, ses habitants n'ont que peu éprouvé les secousses politiques, ils ont des éléments de richesse et de bonheur. Eh bien, ils sont agités comme s'ils étaient à la veille des plus grandes calamités. Je ne reçois que des plaintes, que l'expression des haines et de craintes irritées. Toutes ces dissensions de petites villes et de villages, toutes ces petites passions, toutes ces fureurs sans élévation comme sans raison, tout cela me compose un spectacle répugnant.

(1) *Souvenirs du baron de Barante;* tome II, p. 185.

« Je ne puis plus prendre part à de tels intérêts. Ce n'est ni le travail, ni l'ennui que je redoute; je m'y livrerais avec constance ; mais je succombe aux misérables turbulences qui me tourmentent sans pouvoir m'intéresser.

« Voici pour le département. Il est entièrement dévoué au roi ; mais ce dévouement passionné a tous les caractères de l'esprit de parti ; la moindre nuance d'opinion est le sujet de l'intolérance et du mépris de la nuance plus accentuée. Le peuple des villes et des campagnes danse encore tous les soirs et bien avant dans la nuit en criant : « vive le roi ! » A Caen on y ajoute souvent « à bas les fédérés ! » On ne croit jamais au retour, vers le gouvernement du roi, de tout ce qui ne s'est pas prononcé pour lui depuis cinq mois. »

Le parfait galant homme qu'était Monsieur d'Houdetot nous fait le tableau sincère et poignant de la situation du Calvados au lendemain de la rentrée de Louis XVIII à Paris. C'était la curée des places qui commençait. Tout ce qui avait plus ou moins figuré au camp de Livry se réclamait du duc d'Aumont pour obtenir des faveurs. Il y avait même certains fils de famille qui se disaient attachés au corps des volontaires du duc, pour attendrir de vieilles parentes, ardemment royalistes, et leur soutirer quelques secours (1). Mais c'était surtout au budget de l'État que

(1) Lettre précédemment citée, du 17 sept., au préfet du Calvados. — *Archives du Calvados;* 1815: Secrétariat.

tous ces faméliques donnaient les plus rudes assauts. Les journaux du temps étaient pleins d'entrefilets, où chacun se vantait d'avoir pris part, soit au débarquement d'Arromanches, soit aux journées de Bayeux et de Livry, pour se faire des titres auprès du commissaire extraordinaire du roi.

D'autres, plus humbles, moins en vue, pour réclamer la bienveillance du duc, rappelaient les sacrifices qu'ils avaient dû faire, au temps de *l'usurpateur*, pour payer des remplaçants. En voici un qui écrit au duc d'Aumont : (1) « L'exposant, plein de confiance en votre bonté, vous supplie de l'honorer de quelque intérêt et de le proposer pour la perception de Reviers, *si le percepteur actuel venait à perdre la confiance du Gouvernement.* »

L'auteur de cette dénonciation peu déguisée, vrai modèle du genre, ne fait ici que poser une pierre d'attente. Mais en voilà un autre qui appuie sa demande sur des bases plus solides. « Informé, dit-il (2), que M. le Directeur des postes aux lettres de Caen avait encouru la disgrâce du gouvernement, cette direction étant susceptible de vaquer... » Suivent ses titres, qui consistent surtout en ceci, qu'un de ses parents fut médecin des princes et de la cour de Louis XVI, et un autre chapelain de S. A. R. Mgr

(1) Lettre d'un sieur Jacques Y..., du 25 juillet 1815, au duc d'Aumont. — *Archives du Calvados.*

(2) Lettre de G..., employé des postes, datée de Paris 1er avril 1815, au maire de Caen. — *Archives municipales.* Secrétariat : correspondance.

le comte d'Artois; il invoque en outre la protection d'un certain inspecteur général, *qu'il croit un peu parent de M. le duc d'Aumont.*

S'il ne partagea pas le dégoût que ressentait le vicomte d'Houdetot au contact de ces petites passions, le duc d'Aumont dut se lasser assez vite de leur multiplicité. Car, dans un avis qu'il fit publier dans le *Journal du Calvados* (1) pour indiquer ses jours d'audience, il eut le soin d'ajouter que les placets et pétitions, ayant pour objet des demandes d'emplois civils, devraient être adressés désormais au préfet du Calvados.

Un peu débarrassé de ce côté, le commandant de la 14e division se vit bientôt obligé de donner satisfaction aux rancunes de son entourage et de la presse royaliste.

Dès le 17 juillet, le journal *Les Affiches de la ville et de l'arrondissement de Bayeux*, au lendemain de la victoire, écrivait : « Nous nous garderons bien de rappeler les nuages qui ont obscurci les derniers jours de la tyrannie; mais il est des individus que leur rang et leurs fonctions signalent particulièrement et ne peuvent soustraire à l'indignation publique... »

Mêmes insinuations de la part du *Journal du Calvados* (2). Au *Journal de Rouen* qui écrivait : « qu'on doit se méfier des hommes qui parlent de vengeance et de sévère justice, » il répond avec aigreur : « En ce cas il faudrait se méfier de tous les honnêtes gens

(1) N° du 29 juillet 1815.

(2) N° du 9 août 1815.

qui ont un peu d'énergie. Nous pensons qu'il serait plus à propos et plus sage de se méfier de ceux qui craignent une justice sévère. »

Cette justice ne se fit pas attendre. Le 17 juillet, un arrêté du duc d'Aumont destitua les trois commissaires de police de Caen (1), suspects au nouveau gouvernement. Le maire réclama et, chose étrange ! fut écouté. Car, dans une lettre du 1er août (2), il annonçait, d'un ton triomphant, au Procureur général, que ses trois commissaires de police, destitués par le duc d'Aumont, avaient repris leurs fonctions le 30 juillet « en conformité de l'ordonnance royale du 19 et d'une décision ministérielle ». Malheureusement, il est des victoires qui coûtent plus cher qu'une défaite. La remise en activité des commissaires donna lieu à des excès que le commandant de la 14e division vit éclater avec plaisir, s'il n'en fut pas même le mystérieux instigateur. En homme habile, le duc d'Aumont fut le premier à demander au Ministre de la police générale qu'on usât d'indulgence envers les agitateurs. Celui-ci y consentit, mais avec cette restriction (3) qu'il mettrait « à l'avenir plus de sévérité dans la répression des écarts du même genre, s'il était possible qu'ils se renouvelassent.

(1) Lettre du maire de Caen au procureur général, du 22 juillet. — *Archives municipales*. Registre 16 : copies de lettres.

(2) *Archives municipales*. Copies de lettres ; registre 16.

(3) Lettre du ministre de la police générale au maire de Caen du 10 août 1815. — *Archives municipales*. Carton 102 : correspondance.

Ces quelques mots étaient pleins de réserves comminatoires, qui annonçaient une revanche prochaine. En effet, dès le 14 octobre, un des fonctionnaires réintégrés apprenait par une lettre (1), dans laquelle le maire de Caen lui exprimait ses regrets, qu'il avait été remplacé par un sieur Taillefer. Et celui-ci, à son tour, recevait du maire, le même jour, une autre lettre (2), où on lui traçait ses devoirs d'une main brutale. « Il faut que votre police n'ait rien d'ombrageux, ni d'alarmant, lui disait entre autres choses le chef de l'administration municipale... Vous serez véridique et franc dans toutes vos relations avec moi. Vous me ferez connaître l'exagération de tous les partis. »

Cette dernière recommandation était certainement dirigée contre le parti royaliste. Mais que pouvait Monsieur Lentaigne-Logivière, connu pour ses opinions bonapartistes, contre les nouveaux fonctionnaires qu'on lui imposait? Son autorité n'avait aucun appui sérieux, et on le lui fit bientôt sentir. Car les commissaires, qui lui étaient encore sympathiques, furent destitués à leur tour par les ordonnances du 9 novembre et du 21 décembre (3).

Battu dans la lutte sourde que lui faisait le duc d'Aumont, le maire de Caen prend sa revanche contre les commissaires de police nouvellement nommés,

(1) *Archives municipales.* Registre 16 : copie de lettres.

(2) id.

(3) Lettre du maire du 14 novembre et du 21 décembre. — *Archives municipales.* Registre 16 : copie de lettres.

quand il les trouve en faute (1). Et sa rancune ne craint pas de frapper plus haut. Lorsque le préfet lui reproche de ne pas avoir sévi contre certains acteurs de la troupe du sieur Juclié, qui se permettaient d'ajouter à leurs rôles des paroles inconvenantes, il lui répond d'un ton délibéré (2) : « Que voulez-vous que je fasse avec les moyens qui sont entre mes mains ? On a simultanément renouvelé tous les agens de police de cette ville.... »

Sentant sa position chancelante, le maire voit dans cette circonstance une raison de plus de garder une attitude intransigeante. Au moment où il peut, d'un instant à l'autre, être révoqué, c'est lui qui parle en maître et qui menace un fonctionnaire insoumis de demander au gouvernement son remplacement.

L'histoire mérite vraiment d'être racontée. Un royaliste exalté s'était permis de tirer 21 coups de pierrier la veille de la fête des Rois, après la retraite battue, au risque de jeter l'émoi dans la ville. Le maire reproche vivement à l'un des commissaires, nouvellement nommés, d'avoir pris à tâche de justifier cette infraction aux règlements de police, en ajoutant qu'elle n'avait déplu d'ailleurs qu'à des Bonapartistes.

« Je vous dirai, ajoute-t-il sévèrement dans sa

(1) Dans une lettre du 20 décembre, il va jusqu'à les menacer de les traiter comme des concussionnaires. — *Archives municipales*. Registre 14 : correspondance.

(2) Lettre du 5 janvier 1816. — *Archives municipales*. — Registre 16 : correspondance.

lettre (1) du 11 janvier 1816, que je ne connais point de Bonapartistes.... Je ne connais que de bons et mauvais Français. Les bons Français sont ceux qui sont exacts et fidèles à leurs engagements, qui ont l'esprit conciliant, qui sont indulgents pour leurs frères, qui observent religieusement les lois, qui sacrifient leurs vues et leurs manières particulières d'envisager les choses à celles du plus grand nombre. Les mauvais Français sont au contraire ceux qui agissent en sens opposé à tout ce que je viens de dire. »

Après cette verte leçon à un inférieur, M. Lentaigne-Logivière ne craint pas d'en donner d'autres à ses égaux, ou à ses supérieurs. Au sous-préfet de Caen, qui se plaint des lenteurs qu'il met à faire détruire les portraits et bustes de Napoléon, il répond (2) : « Pour être dévoué au Gouvernement et le servir avec honneur et fidélité, je n'ai pas besoin de vos admonestations. Je connais l'arrêté de Monsieur le Préfet du 30 novembre, et j'ai fait auprès de ce magistrat les démarches nécessaires pour l'exécuter en ce qui me concerne. » Et, comme le préfet s'étonne qu'il n'ait pas rédigé lui-même le procès-verbal de la cérémonie qui avait eu lieu, sur la Place royale, pour la destruction ordonnée, il lui répond (3) à son tour : « J'avais pensé que la rédaction pouvait être abandonnée aux commissaires de police qui procédaient au brûlement

(1) *Archives municipales.* Registre 16 : copie de lettres.

(2) Lettre du 22 décembre 1815. Id.

(3) Lettre du 22 janvier 1816. — *Archives municipales.* Registre 16 : copie de lettres.

des drapeaux tricolores et autres signes étrangers au gouvernement actuel... D'après vos ordres les 4 commissaires de police ont enlevé de la préfecture les bustes donnés à la préfecture et à la ville, ainsi que le tableau représentant Bonaparte, tous les cachets et autres signes de son règne qui étaient également déposés à la préfecture, même les drapeaux de la sous-préfecture et des tribunaux, les bustes et autres signes existant ; le tout a été transporté sur la place royale et a été brisé, ou livré aux flammes. Les 4 commissaires de police étaient présents à cette opération et la dirigeaient. C'est pour cela que j'ai cru qu'il leur appartenait de verbaliser. Il y avait un détachement de la Garde Nationale, un détachement de la troupe de ligne, enfin un de la gendarmerie. Le maire et les adjoints étaient réunis en corps au lieu ordinaire de leurs séances, disposés à donner des ordres et à prendre des mesures si la tranquillité était compromise. Elle ne l'a point été, et vos ordres ont été ponctuellement exécutés relativement à la destruction que vous aviez prescrite par votre arrêté... »

La conduite de M. Lentaigne-Logivière en cette circonstance est digne de tous les respects. Attaché au régime impérial, qu'il avait servi longtemps avec dévoûment, il consentit, comme fonctionnaire, à faire exécuter les ordres qu'il avait reçus du nouveau gouvernement, mais il se refusa, en homme de cœur, à donner en quelque sorte, par sa présence, une sorte d'approbation aux mesquines vengeances de la réaction ultra-royaliste. La noble attitude du maire de 1815 doit faire oublier ici, et peut-être racheter les fautes du maire de 1812, sur qui retomba une partie du sang versé cruellement par l'Empereur.

Une si grande indépendance déplut moins cependant aux violents de l'entourage du commandant de la 14e division, que la courageuse résistance du maire aux exigences des généraux prussiens, qui occupaient la ville et le département. Sur cette question brûlante, le simple parallèle, qui s'imposait à tous, entre l'attitude vaillante de M. Lentaigne-Logivière et les flatteries du duc d'Aumont, devenait la plus sanglante critique de la conduite de ce dernier.

Le 9 septembre, le duc d'Aumont faisait en effet afficher, sur les murs de Caen, la proclamation suivante (1) :

« Habitans de Caen, son Altesse sérénissime le Prince Blucher, que la victoire a tant de fois couronné, arrive aujourd'hui dans nos murs. Je vous exhorte à témoigner par votre allégresse, à ce digne élève du grand Frédéric, que vous savez apprécier les efforts qu'il a faits pour vous délivrer de la tyrannie qui vous opprimait. Que ceux de vous qui logent les braves officiers, qui l'accompagnent, les dédommagent par un accueil fraternel de tout ce qu'ils ont souffert, et cherchent par leurs soins à leur faire oublier les calamités qui ont si longtemps désolé leur patrie.... »

Le même jour, le duc va recevoir Blucher à l'entrée de la ville; le soir, il illumine son hôtel et fait

(1) Placard in-folio, imprimé à Caen chez A. Le Roy. — *Archives municipales.*

illuminer les édifices publics. Le lendemain, il accompagne le général prussien à une représentation de gala, avec pièces de circonstance, intermède et cérémonie, pendant laquelle les acteurs présentent au vainqueur de Waterloo des fleurs et une couronne de laurier. Il y eut même un *quatrain improvisé au général Blucher*, par un certain Samson, de Caen :

Le Normand admire ta gloire,
Et, confiant en tes vertus,
Attend du fils de la victoire
La bienfaisance de Titus (1).

Cette bienfaisance, si platement implorée, se traduisit bientôt par des réquisitions à outrance, qui ruinèrent le pays. Heureusement que le maire de Caen, pendant quelque temps, fit tête à l'orage. Une affiche à 2 colonnes, l'une en français, l'autre en allemand, publiée le 22 août (2) par ordre du général en chef prussien et avec la signature de Schutter, semblait particulièrement viser le maire de Caen, bien connu pour ses opinions bonapartistes.

« Je sais qu'il y a ici, comme partout, des hommes qui n'ont d'autre désir que la guerre civile et la rébellion et, par cette raison, sont encore attachés à l'Usurpateur, qui partageait leurs sentiments et qui portait le malheur et la dévastation sur toute l'Eu-

(1) *Journal du Calvados*, du 13 septembre 1815.

(2) Placard in-folio, imprimé à Caen chez A. Le Roy. — *Archives municipales.*

rope.. . J'emploierai contre eux tous les moyens en mon pouvoir pour les mettre hors d'état de nuire et pour les anéantir. »

A cette provocation le maire de Caen répond résolument par des actes et par des paroles. Le commandant de place prussien s'étant montré très exigeant pour le service de sa table, le maire, avec une rare énergie, fixe le nombre de plats, de bouteilles de vin, et la quantité d'eau-de-vie et de liqueurs, qu'il entend lui fournir pour son déjeuner et son dîner. La situation des finances de notre pays, lui écrit-il en substance le 3 octobre (1), nous met dans l'impossibilité de faire davantage. D'ailleurs le service de votre table, ainsi compris, est « au-dessus de celui d'un homme de vingt cinq mille livres de rente ». Il défend ainsi, pied à pied, les intérêts de la ville, discutant, marchandant, retranchant, jusqu'à ce qu'il ait fait accepter le menu le moins onéreux.

Pour la question du logement, que le Prussien ne trouve pas assez confortable, même résistance. « Que pouvez-vous désirer? lui répond-il courageusement (2). Vous en avez un qui est même plus beau que celui de M. le Général en chef... que voulez-vous que je fasse? Je suis l'administrateur des ressources de la ville. Je dois compte à mon conseil de mon administration. Puis-je, lorsque cette ville est grevée de dettes, qu'elle éprouve tout le poids d'une charge

(1) *Archives municipales.* Registre 16: copie de lettres.

(2) Lettre du 4 octobre 1815. - *Archives municipales.* Registre 16: copie de lettres.

publique extraordinaire, faire pour vous tout ce que je désirerais ? Je vous en rends juge et j'espère que, satisfait de mes observations, non seulement vous vous désisterez un peu de vos prétentions, mais encore que vous reconnaîtrez que je ne méritais pas les menaces par lesquelles se terminait votre lettre. »

On ne pouvait se montrer plus vigilant pour les intérêts de la ville, ni plus brave en face de l'étranger. Quel contraste avec le langage du duc d'Aumont, qui voulait qu'on accueillît les Prussiens comme des *frères !* Cette différence sautait aux yeux ; et l'honorable résistance de M. Lentaigne-Logivière aux intolérables réquisitions de l'ennemi était la condamnation muette, et pourtant éloquente, des honteuses concessions du commandant de la 14e division militaire.

Ce fut l'arrêt de mort du maire de Caen. Car, si un gouvernement pardonne quelquefois à l'un de ses fonctionnaires des actes d'opposition, il ne se résigne jamais à supporter, de sa part, une attitude qui l'expose à des comparaisons humiliantes.

Rien qu'une destitution n'était capable d'expier un tel forfait. On le lui fit bien voir ; mais on prit son temps, et aussi le chemin le plus sûr, quoique le plus long, celui que Basile indique. Tandis que le maire de Caen tenait courageusement tête aux Prussiens, on minait sa réputation auprès du Gouvernement, comme cela ressort de la lettre suivante (1), adressée le 6 novembre 1815, au préfet du Calvados, par le

(1) *Archives du Calvados.* — Secrétariat, 1815.

ministre secrétaire d'État au département de l'Intérieur :

« On vient de me désigner M. Lentaigne de Logivière, depuis longtemps maire de la ville de Caen, comme un homme généralement méprisé et haï des habitants de cette importante ville. — On lui reproche d'avoir reçu, en récompense de son absolu dévoûment à Bonaparte, une pension de 6,000 fr. et la décoration de la légion d'honneur. — On l'accuse d'être la principale cause de la révolte qui éclata, il y a environ 3 ans, à l'occasion du prix excessif des grains, qu'il avait tellement accaparés dans tous les pays à la ronde que le prix du blé à Caen monta de 36 à 40 fr. (prix ordinaire du sac) jusqu'à 150 francs. — On l'accuse aussi de lever sur les habitants des taxes pour la nourriture et le logement des troupes qui passent par la ville, ou y séjournent, quoiqu'il les fasse loger et nourrir par ces mêmes habitants. — Enfin on l'accuse encore d'avoir, lors du séjour des troupes alliées à Caen, envoyé des soldats de préférence chez les royalistes, qu'il écrasait de réquisitions, et dont il allait ensuite se moquer chez des amis bonapartistes. — Il importe beaucoup, M. le Préfet, de savoir jusqu'à quel point peuvent être fondées ces graves accusations.... »

Il paraît que l'enquête coûta quelque peine, puisque c'est seulement à la date du 27 janvier 1816 que M. Lentaigne-Logivière apprit, par deux lettres du préfet, qu'il était révoqué.

Il tomba avec beaucoup de dignité.

« J'étais loin de m'attendre, écrivait-il au préfet (1) le 30 janvier 1816, que vous eussiez des motifs de me faire des reproches du genre de ceux que ces lettres contiennent. Quel que soit le succès de vos dénonciations auprès du Ministre de l'Intérieur, j'aurai toujours pour moi la voix de ma conscience, et je désire, Monsieur, qu'après avoir fourni une carrière administrative aussi traversée, aussi longue et aussi utile, vous puissiez jouir comme moi d'une consolation qui est au-dessus de l'atteinte des passions des hommes. »

Sachant qu'il devait être sacrifié, le maire de Caen avait voulu obliger le gouvernement à le destituer.

Menacé aussi, le préfet du Calvados, M. d'Houdetot, avait préféré donner sa démission au mois de novembre. Il n'avait pas moins de droits que le maire révoqué à la haine des ultra-royalistes. Car il essaya d'empêcher la ruine de ses concitoyens, en résistant énergiquement aux mesures vexatoires des généraux prussiens. On dit même qu'il fut sur le point d'être arrêté et conduit en Prusse, comme le furent les trois préfets du Loiret, de la Sarthe et de l'Eure, pour avoir refusé de se prêter aux exactions des alliés. Il avait un autre titre, plus sérieux encore, à l'animadversion des fanatiques de la seconde Restauration. C'était lui qui, par sa complicité généreuse, avait favorisé la fuite du maréchal Grouchy (2), activement recherché dans le Calvados, où il se cachait depuis que son nom

(1) *Archives municipales.* Registre 16 : copie de lettres.

(2) *Souvenirs du comte de Pontécoulant.* Tome II, page 16.

avait été inscrit sur la première liste de proscription, à côté de ceux de Labédoyère et de Ney. Il n'ignorait pas le sort qui l'attendait pour avoir eu de la compassion pour les opprimés. Aussi, prenant les devants, s'empressa-t-il de quitter volontairement la préfecture du Calvados.

La démission de cet honnête homme ne fit pas moins de bruit que la destitution du maire de Caen. Le Calvados appartenait maintenant aux sectaires du royalisme à outrance. Avec la maladresse propre à tous les partis extrêmes, ils ne négligèrent aucune occasion de mécontenter leurs adversaires et, par leur intolérance, de s'aliéner même des gens paisibles qui ne demandaient qu'à se rallier au nouveau gouvernement. Les hécatombes de fonctionnaires, qu'ils sacrifiaient à leurs rancunes, ne leur suffisaient même pas. Ils avaient la prétention de remonter le courant des événements, et de troubler les possesseurs de bonne foi de biens nationaux.

Leurs menaces et leurs violences eurent ce résultat, bien inattendu, de semer des germes d'opposition dans le pays le plus pacifique et le mieux disposé à accepter le rétablissement de Louis XVIII. Dès le 17 juillet, le duc d'Aumont avait dû envoyer son chef d'état-major, le colonel Étienne de Livry, au village de Vieux, pour y étouffer un commencement d'insurrection (1).

Les troubles à main armée ne se produisaient

(1) Ordre du duc d'Aumont. — Collection Mancel : Documents manuscrits sur la Normandie ; 6.

qu'assez rarement ; car la révolte était encore à l'état d'incubation, et se manifestait surtout par des propos injurieux contre la famille royale. La répression de ces sortes de délits ressortissait, la plupart du temps, aux tribunaux de police correctionnelle, qui frappèrent les prévenus de peines si rigoureuses (1), que les habiles cherchèrent le moyen d'attaquer le gouvernement sans s'exposer aux représailles de ses magistrats.

C'est ce qui arrive toujours lorsque les passions politiques appliquent des peines disproportionnées aux délits. Il n'y a plus que les naïfs (2) pour attaquer directement le pouvoir qu'ils n'aiment pas. Les autres ont recours à la ruse, et ce genre d'opposition est d'autant plus redoutable, qu'il offre plus de ressources pour se dérober que les policiers n'ont d'invention pour le découvrir.

Il y a d'abord les fausses nouvelles, qu'on répand surtout dans les cabarets, comme cet inconnu qui, le 10 août, à Caen, « assure (3) que Bonaparte avait été

(1) Le 25 mai 1816, le Tribunal de police correctionnel de Caen condamnait *à 4 années* d'emprisonnement une femme qui avait tenu des propos injurieux contre le roi. — *Journal du Calvados*, n° du 29 mai 1816.

(2) Le 9 décembre 1815 le préfet du Calvados dénonçait au procureur du roi un ouvrier tailleur de pierre, ancien militaire pensionné, qui, dans un cabaret de Grainville, avait proféré divers propos contre la famille royale, entre autres : « que le roi était une bête qui pesait 300 livres, un animal sans esprit qui avait volé, lui et les Bourbons, la couronne de France. » — *Archives du Calvados*. Secrétariat : 1815.

(3) Lettre de Julien, commissaire de police, au maire. — *Ar-*

vu pendant 17 heures à la tête de l'armée de la Loire ; et qui ajoute que 5,000 hommes de cette armée étaient arrivés à Cherbourg pour s'opposer à l'entrée des alliés. »

Il y a aussi les affiches injurieuses placardées, la nuit, sur les murs (1). Les auteurs de ces délits, quoique difficiles à prendre en flagrant délit, peuvent cependant quelquefois être découverts.

Mais, que faire, par exemple, contre un maître de navire de commerce qui arbore (2) à son mât une flamme tricolore « pour s'assurer, comme il le dit, de l'air du vent » ?

Que faire encore contre les allusions qu'on peut découvrir dans le geste, ou le jeu de physionomie d'un acteur ? Et ce genre d'opposition sur la scène fut, à cette époque, si fréquent au théâtre de Caen, qu'il donna lieu à de nombreuses plaintes, soit du préfet, soit du général de Saint-Simon, qui commandait la 14e division militaire en l'absence du duc d'Aumont (3).

Que faire contre cette jolie invention qu'on prati-

chives municipales. — Carton 102. Correspondance, 1814-1815.

(1) Lettre du préfet au maire de Caen, du 23 octobre 1815, relative à des affiches placardées sur les murs du lycée. — *Archives du Calvados*. Secrétariat : 1815.

(2) Lettre du commissaire de marine au préfet, du 29 novembre 1815. — Id.

(3) Lettre du général de Saint-Simon au préfet, du 11 décembre 1815. — *Archives du Calvados*. Voir aussi, sur ce sujet, les lettres du maire de Caen et du directeur du théâtre, dans les *Archives municipales*.

quait alors dans certains cafés de Caen ? On y demande une tasse ou un verre de plus qu'il n'y a de consommateurs. Et l'on boit à la santé du *père Noël*, en choquant son verre contre celui qui représente l'absent, c'est-à-dire Napoléon (1).

Que faire surtout contre les fleurs, qui deviennent des emblèmes ou des signes de ralliement ? Dès le mois d'août, le *Journal du Calvados* (2) écrit un article violent contre les Bonapartistes, qui portent un œillet couleur de sang. « Est-ce du sang qu'ils voudraient encore ? s'écrie-t-il. Pensent-ils qu'il n'en a pas assez coulé ? » Mais il ne peut que s'indigner, et le gouvernement, dont il est maintenant l'organe, comme lui impuissant, lui laisse le seul moyen qu'il ait de se venger.

Mais ce sont surtout les violettes qui servent de symbole aux revendications bonapartistes. La charmante fleur avait eu le triste privilège d'être mêlée aux luttes politiques par les partisans de l'Empereur. Ils disaient, dans l'hiver de 1814 à 1815, que Napoléon reviendrait de l'île d'Elbe au printemps, avec les violettes. Et les anciens soldats du *père La Victoire* s'habituèrent à le désigner désormais sous le nom de *père La Violette*. Après le retour désiré, la fleur pacifique, si chère aux amants, devint une arme de combat et fut l'adversaire du lis. Les hommes s'en paraient comme les femmes, et d'une façon si provo-

(1) Lettre du maire de Caen à Morin, commissaire de police, du 8 janvier 1816. — *Archives municipales.* Registre 16 : copie de lettres.

(2) N° du 2 août 1815.

cante que le préfet du Calvados obligea le maire de Caen à en interdire la vente.

Les voilà donc proscrites, les innocentes et gracieuses fleurs ! Mais, voyez les ressources de l'esprit de parti ! On substitue à la pauvre condamnée des violettes artificielles. Et les bonapartistes affectent de paraître en public, ayant à leur bouche de petites bandes de papier roulé, au bord desquelles on a peint la plante printanière (1).

Comment lutter contre cette hydre de l'opposition sans cesse renaissante ? Quand on parvient, par hasard, à la frapper, de ses débris sortent cent nouvelles manières d'atteindre son adversaire.

Las et énervé, le duc d'Aumont crut bien faire en recourant au moyen classique. Il paya des agents provocateurs, chargés de tâter l'esprit public et de lui tendre des pièges. Mais est-on jamais sûr de l'intelligence et, surtout, de l'honnêteté des gens qui consentent à accepter de pareilles besognes ?

Un des officiers attachés à sa personne, qu'il avait envoyé faire une grande tournée de ce genre dans les départements de la 14e division militaire, eut la maladresse de se laisser arrêter par le maire de Condé-sur-Noireau. Le pauvre homme n'avait trouvé rien de mieux que de raconter dans les cabarets qu'on avait saisi Bonaparte près de Cherbourg et qu'on l'y avait fusillé. L'auteur de ces propos imbéciles fut

(1) Lettre du maire de Caen aux commissaires de police, du 31 octobre 1815. — *Archives municipales*. Registre 16 : copie de lettres.

fouillé et l'on découvrit, parmi ses papiers, des ordres du général de Saint-Simon. Il avoua de plus qu'il faisait le service près du duc d'Aumont, lorsque celui-ci était à Caen (1).

On ne pouvait plus sottement éventer la mèche, et le duc d'Aumont en fut pour ses frais de contremines. Était-ce pour ce pitoyable résultat qu'il avait combiné et exécuté sa fameuse descente en Normandie? S'il demeurait plus longtemps au chef-lieu de son commandement militaire, ne s'exposerait-il pas à perdre, dans une guerre souterraine et sans prestige, le bénéfice de la réputation qu'il avait acquise? La reconnaissance du roi pour ses services signalés ne devait-elle pas lui accorder d'autres faveurs qu'un poste militaire, où il n'y avait qu'ennuis et déceptions à recueillir?

Telles furent certainement les réflexions qui le décidèrent à reprendre son service de premier gentilhomme de la Chambre du Roi. Paris l'attirait; car le roi des viveurs, malgré les années, n'avait pas encore abdiqué. Il s'y lia avec le dernier prince de Condé et prit part à ses chasses. De plus, il avait la surintendance de l'Opéra-Comique. C'était bien là le genre de commandement qui convenait à ses aptitudes. Et, à diriger des actrices, ou à présenter et nommer au roi les dames qui venaient à la cour, il

(1) Lettre du maire de Condé-sur-Noireau au sous-préfet de Vire, du 7 novembre 1815. — *Archives du Calvados*. Série M: Police.

sut dépenser plus de talent que dans l'administration de la 14e division militaire.

VI

Le duc d'Aumont n'avait pas cependant abandonné tout à fait ses fonctions de lieutenant-général. Si le vicomte de Saint-Simon, commandant du département du Calvados, faisait en son lieu et place la besogne utile, il venait de temps en temps à Caen, soit pour y passer une revue (1), soit pour présider une cérémonie.

Sa grande préoccupation fut surtout de ne pas laisser oublier le service qu'il prétendait avoir rendu au roi, en opérant une descente sur le littoral normand. De toute l'énergie dont il était capable, il tra-

(1) Le 1er mai 1816, il passait la revue de la légion de la Seine. Le *Journal du Calvados*, qui mentionne ce fait dans son numéro du 5 août 1816, annonçait de temps en temps l'arrivée du duc d'Aumont à Caen. Mais, peu à peu, ces apparitions devinrent si rares que le même journal, pour expliquer ou pour excuser ces absences prolongées, crut devoir insérer, dans son numéro du 31 décembre 1818, l'entrefilet suivant : « On assure que M. le duc d'Aumont succède au maréchal Pignon dans le gouvernement de la 1re Division militaire ». La vérité c'est que le roi, par une ordonnance du 17 février 1819, le nomma gouverneur de la 8e division militaire, composée des départements de Vaucluse, des Bouches-du-Rhône, du Var et des Basses-Alpes. Mais ce ne fut qu'un titre de plus, qu'il put ajouter à celui de grand maître de l'ordre noble de Saint-Hubert de Lorraine et de Bar.

vailla à former lui-même, autour de cet événement, une sorte de légende, qui rappellerait sans cesse à Louis XVIII tout ce que le souverain devait de reconnaissance au dernier descendant de l'illustre famille des d'Aumont.

C'est dans ce but qu'il promit de se mettre à la tête de la garde nationale de Bayeux et des volontaires royaux de Caen, qui avaient formé le projet de célébrer solennellement, à Arromanches, l'anniversaire de la descente du 7 juillet 1815. Malheureusement, un accident (dit le *Journal du Calvados* du 17 juillet 1816) priva les fidèles royalistes du plaisir « de marcher sous les ordres du brave général, à qui « il appartenait bien d'assister à la fête, puisqu'il « avait mené le bal, lors du débarquement. »

Tout en regrettant que le *preux*, comme on l'appelait, qui avait été au danger, ne fût pas à l'honneur, les gardes nationaux et les volontaires de l'arrondissement de Bayeux partirent de la ville, au son de la musique et au bruit des tambours, qui précédaient un drapeau blanc. A l'entrée d'Arromanches, ils furent reçus par les marins, qui les accompagnèrent à l'église, où le curé bénit le drapeau qu'ils avaient apporté. Après un *Te Deum*, le cortège alla planter l'étendard sur la batterie, dont le duc d'Aumont s'était emparé. Une tente fut dressée sur le lieu même. On dîna, on porta des toasts au roi, à son auguste famille, au duc; on dansa, on chanta des couplets. Avant de quitter le village, on confia au maire d'Arromanches le drapeau, avec recommandation de le replacer dans la même position, à pareille date, chaque année. Enfin, pour perpétuer le souvenir de cette cérémonie, on grava une inscription sur la batterie, et l'on jura de recommencer tous les ans, le 7 juillet, cette réjouissance commémorative (1).

Le même pélerinage fut entrepris quelques jours après, le 10 juillet, avec le même appareil militaire, par une partie des volontaires royaux de la ville de Caen. La cérémonie était rehaussée, cette fois, par la présence du préfet, accompagné de sa femme et de plusieurs dames « des plus distinguées », selon la formule du *Journal du Calvados* (2). Il y eut bénédiction du drapeau, discours du préfet, repas champêtre, jeux, chansons, danses. « Les sociétés les plus « brillantes, ajoute encore le *Journal du Calvados*, « mêlées dans les rondes joyeuses aux jolies habitan- « tes de ce canton, formaient des tableaux enchan- « teurs. »

Un des couplets chantés à cette cérémonie faisait allusion à la courageuse résistance des communes du département qui se refusèrent, après le retour de l'île d'Elbe, à entonner le *salvum fac imperatorem :*

Chantons tous avec allégresse :
Domine salvum fac Regem,
Plus de Corse... plus de tristesse,
Au diable l'*Imperatorem !*

Bien qu'il rappelât assez maladroitement le peu de

(1) *Feuille d'annonces de Bayeux*, du 8 juillet 1816
(2) N° du 17 juillet 1816.

prévoyance qui avait présidé à l'expédition de 1815, on répéta avec non moins d'enthousiasme le couplet suivant :

Inspiré par son courage,
Qui nous rendit au bonheur,
D'Aumont cherchait une plage
Qui secondât sa valeur,
Nous étions sur le *qui vive*,
Quand ce héros débarqua ;
En découvrant notre rive
Avec transport il cria :
Halte-là ! oui, c'est là,
Mes braves Normands sont là !

Pour se consoler d'avoir manqué une si belle occasion de se faire applaudir et, probablement aussi, pour ne pas laisser se refroidir le zèle de ses partisans, le duc d'Aumont écrivait, le 5 août (1), au chevalier de Guernon-Ranville, qu'il était temps de s'assurer à Caen le concours de cinquante officiers des volontaires royaux, qui devraient l'accompagner à Bayeux. Il ajoutait qu'il l'informerait prochainement du jour où il irait dans cette ville remettre entre les mains de l'évêque, pour le garder dans la cathédrale, le fameux drapeau blanc donné par la duchesse d'Angoulême.

Cette cérémonie eut lieu en effet le 1er septembre

(1) Manuscrit Hautefeuille, page 217.

1816, comme le constate le curieux procès-verbal suivant (1) :

« L'an dix huit cent seize, le premier septembre, Nous Louis Marie Céleste, duc d'Aumont, pair de France, premier gentilhomme de la chambre du Roi, lieutenant-général des armées de Sa Majesté, commandant la quatorzième division militaire, et cætera,

« Conformément aux ordres de Son Altesse Royale Madame la duchesse d'Angoulême, tendant à ce que le drapeau, donné par Son Altesse Royale aux cent trente officiers qui composaient notre expédition sur les côtes de Normandie, au mois de juillet dix huit cent quinze, soit déposé et conservé dans la cathédrale de Bayeux, comme étant le siège épiscopal de ce département, et le premier lieu où ait été chanté un *Te Deum* en actions de grâces de notre retour en France ;

« Convaincu d'ailleurs que les sentimens de fidélité et de dévouement au Roi, que la ville de Bayeux n'a cessé de partager avec les autres villes de notre division, la rendent digne de voir faire dans son enceinte un dépôt aussi précieux ;

« Nous sommes transportés de Caen à Bayeux, accompagnés de Monsieur le comte de Bertier, préfet du département, de tout l'état-major de la quatorzième division militaire, de douze officiers ayant fait partie de notre expédition du mois de juillet mil huit cent quinze, portant au milieu d'eux le drapeau blanc

(1) Manuscrit Hautefeuille, pages 227 et suiv.

qui leur fut alors donné par Son Altesse Royale, et escortés de cinquante volontaires royaux de Caen, Lisieux et Pont-l'Evêque.

« Arrivés au village de (ce mot manque dans le texte) avons fait rencontre de Monsieur le sous-préfet, du maire de Bayeux, et d'un détachement des volontaires de cette ville, qui se sont joints à notre escorte, et nous ont accompagné jusqu'à la cathédrale où, parvenus, nous avons trouvé Monseigneur l'Evêque, accompagné de tout son clergé.

« Nous avons sur le champ remis, entre les mains de Monseigneur l'Evêque, le drapeau qui nous avait été confié par Son Altesse Royale, et nous avons invité ce prélat à conserver ce précieux dépôt dans son église épiscopale, en faisant connaître formellement que si, contre toute attente, il devenait jamais nécessaire de réunir, pour la défense du trône, les braves volontaires royaux de notre division, ce drapeau serait de suite remis à notre disposition, ou à celle de l'officier général, commandant à notre place, pour être transporté à Caen, et servir de point de ralliement aux fidèles habitans des trois départemens de la quatorzième division militaire.

« Nous avons dressé le présent procès-verbal, qui a été signé avec nous par Monseigneur l'Evêque et Monsieur le préfet du département, pour être déposé aux archives de la préfecture, après avoir été transcrit sur les registres de la fabrique de la cathédrale de Bayeux. »

Ce document nous prouve que le duc d'Aumont avait l'art de ne pas se laisser oublier. Quand il ne figurait pas lui-même dans les cérémonies destinées à rappeler les services qu'il avait rendus, il chargeait des comparses de célébrer ses hauts faits. Il savait aussi mettre à profit ses souvenirs classiques; car il n'ignorait pas que, s'il est permis de comparer les petites choses aux grandes, tout Achille ne vaut que par Homère.

Était-il souffrant? un poète officiel, comme cela se fit à satiété pour le rétablissement de la santé du roi en 1744, rassurait les populations et profitait de l'occasion pour vanter ses mérites (1). La duchesse venait-elle le rejoindre à Caen? il faisait jouer, sur le théâtre de la ville, une pièce de circonstance, où l'auteur ne craint pas d'écrire que

Les guerriers vantent sa valeur
Et les dames sa courtoisie.

Quand il entra triomphalement à Caen dans la journée du 14 juillet, on avait déjà mis en circulation une sorte de marseillaise burlesque de l'expédition, intitulée *chant de gloire*.

Ma sœur, fais mon bagage,
Mes amis, suivez-moi;
C'en est fait, je m'engage
Dans les troupes du Roi (bis),
Pour servir les Bourbons (ter)
Sous le brave d'Aumont.

(1) *Journal du Calvados* du 8 mars 1815.

Lâches fédéralistes,
Vous conspirez en vain :
Cent mille royalistes
Sont sur votre chemin (bis),
Pour servir les Bourbons (ter)
Sous le brave d'Aumont.

La mèche est allumée ;
Tombez à nos genoux.
Voyez-vous la fumée !
Mourez ou rendez-vous (bis),
Pour servir les Bourbons (ter)
Sous le brave d'Aumont.

Bonaparte est en cage
Et son règne est fini ;
Qu'il en crève de rage.
Il ne tenait qu'à lui (bis)
De servir les Bourbons (ter)
Sous le brave d'Aumont.

Je cours faire la guerre
A tous les Nicolas ;
En royal militaire,
Je brave le trépas (bis),
Pour servir les Bourbons (ter)
Sous le brave d'Aumont. »

L'avant-dernier couplet est tellement équivoque que, s'il n'était certain qu'il fut l'œuvre d'un royaliste dévoué (1), on serait tenté d'y voir une intention satirique.

Avec l'*Epitre à Monseigneur le duc d'Aumont* (2), publiée en 1820, le doute n'est plus possible. C'est bien à un ami que nous avons affaire, mais à un ami pareil à celui de l'*Amateur des jardins*. L'auteur anonyme de cette longue pièce de vers s'est avisé de mettre en alexandrins la biographie du duc d'Aumont, où l'on trouve une pompeuse invocation sur le mode épique et une sorte d'armorial rimé de la famille.

« Pour chanter la vertu je ressaisis ma lyre », s'écrie le poète en commençant. Et, comme pour

(1) Dans son numéro du 22 novembre 1829, le *Journal du Calvados* avait attribué cette chanson à M. de Guernon-Ranville, en l'accompagnant d'attaques assez vives contre le futur ministre de l'instruction publique. Cela donna lieu à un procès (voir le n° du 29 mars 1830 du *Pilote du Calvados*, qui avait succédé au *Journal du Calvados*), pendant lequel le procureur général déclara que « cette chanson, bonne pour le peuple dans cette cir« constance, aurait été l'œuvre de quelques volontaires royaux « réunis à un déjeuner, où n'assistait pas M. de Guernon ». M. de La Sicotière, dans *Louis de Frotté* (tome II, p. 718), prétend qu'elle avait été composée, non par M. de Guernon-Ranville, mais par ses deux vieilles tantes « précieuses et bel esprit, les mêmes, assure-t-on, qui l'avaient affublé de ces prénoms, dont il maudit assurément plus d'une fois le prétentieux enchaînement : *Martial-Côme-Annibal-Perpétue-Magloire.* »

(2) *Epitre à Monseigneur le duc d'Aumont, Pair de France, premier Gentilhomme de la chambre du Roi, Lieutenant-Général de ses armées, Gouverneur de la 8e Division militaire, Président de la Société des amis des arts, etc. Dédiée à Mademoiselle Noémi de Marguerittes par un Invalide, le Jour de Saint-Louis, 25 août 1820.* Paris, imprimerie de Sétier, 1820. In-8° de 24 pages : rarissime.

donner plus de poids au pavé qu'il laisse tomber sur la mémoire de l'illustre viveur, il alourdit encore son écrasant panégyrique d'une dédicace à *Mademoiselle Noémi de Marguerittes*, où se lisent ces hilarants passages :

« Votre jeune âme ouverte aux impulsions de la « vertu paraît avide de ses exemples et s'épanouit à « l'espoir de les imiter. Après les honorables auteurs « de vos jours, qui mieux que Monseigneur le duc « d'Aumont peut vous tracer la route que vous brûlez « de suivre? »

Et plus loin : « Ce n'est donc point la lecture de « cette Epitre qui vous est essentielle, elle ne vous « indiquerait autre chose que le nom d'un mentor « digne de former votre cœur aux vertus paisibles, « que vous devez chérir ; mais c'est surtout dans la « conduite privée et dans les avis de ce digne modèle « qu'il vous est permis de puiser des exemples salu- « taires. »

L'auteur de cet étrange opuscule, qui signait *un Invalide*, n'avait pas été certainement blessé au service de la vérité. Car celui qu'il proposait à une jeune fille, comme un exemple à suivre, avait rendu sa première femme si malheureuse, qu'elle mourut de chagrin à vingt-deux ans (1). Sa seconde femme

(1) Le duc d'Aumont, très jeune encore, avait épousé la fille aînée du comte de Rochechouart. « Belle, adorable d'esprit et de grâces, et de cette vertu qui fait aimer la vertu », dit la duchesse d'Abrantès dans ses *Mémoires sur la Restauration* (t. III, p 144), la malheureuse jeune femme ne put réussir cependant à attacher son mari. Celui-ci la délaissait, attiré par les séduc-

n'eut pas moins à souffrir de ses infidélités. Et l'âge ne paraît pas avoir calmé ses passions. Car rien ne fut changé à ses habitudes, et sa vieillesse manqua de dignité (1).

Toutefois, au point de vue pratique, son panégyriste avait cent fois raison. A force de répéter et surtout d'écrire que le héros de l'expédition de 1815 avait toutes les vertus, on finit par le croire, ou du moins par le supposer. Et, à la cour rigoriste de la Restauration, le duc se fit si bien pardonner ses escapades, qu'il continua d'être l'objet des faveurs du roi et obtint une somme de deux cent mille francs pour sa part à l'indemnité du milliard. Cela valait bien quelques mensonges versifiés.

Mais sa renommée, qu'il savait rajeunir à l'aide de la réclame, eut quelque peu à souffrir des attaques du parti libéral. Et ses Homère eurent bientôt leur Zoïle.

tions de la veuve du comte de Reuilly, qu'il épousa plus tard. La pauvre abandonnée en conçut un tel chagrin qu'elle mourut à 22 ans, suivie quelques mois après dans la tombe par son père, gentilhomme aux mœurs patriarcales, qui ne parvint pas à se consoler de la perte de son enfant.

(1) Le duc d'Aumont, écrit le maréchal de Castellane dans ses *Mémoires*, à la date de mai 1830, est aussi mal dans ses affaires qu'impotent de sa personne ; il est accablé de dettes, et il ne doit qu'à sa qualité de pair de n'être pas en prison. Une vieille Mme de M***, qui a connu le duc à Londres, est maîtresse absolue de sa personne et de sa fortune... » L'honorable dame, se rendant cette justice qu'elle était trop vieille pour plaire, se faisait suppléer par une jeune personne ; de telle sorte, ajoute le maréchal de Castellane, que le duc d'Aumont « s'y faisait porter tous les soirs pour dîner... »

Vers pour vers ! C'est la loi du talion appliquée à la politique.

Comme les puissances réforment leurs armements suivant les progrès de l'art militaire, la littérature agressive renouvelle, suivant les époques, ses engins de polémique. A Athènes, le poète comique Aristophane exécutait ses ennemis sur le théâtre ; à Rome, Juvénal s'armait du fouet de la satire ; au XVIe siècle, les adversaires se jetaient à la tête de lourds in-folio de scholies ; au XVIIe, à côté de la comédie, de la satire et des épigrammes, on préludait, avec les mazarinades, aux refrains meurtriers de la chanson, qui devait être le cri de guerre des frondeurs modernes. Au XVIIIe, on se servit des contes en vers, et, bientôt, du poème héroï-comique, renouvelé du *Lutrin*.

Ce genre, très cultivé jusque dans la première moitié du XIXe siècle, devient l'arme favorite des combattants, soit qu'il s'agisse d'attaquer toute une classe, comme dans la *Dunciade* de Palissot, qui prenait à partie les philosophes et les hommes de la Révolution, soit qu'on se borne à ridiculiser des faits locaux, comme dans *la Campênade* (1) ou *la Carentenade* (2).

(1) Ce poème burlesque, imprimé en 1845, avait été composé en 1794 par Nicolas Lalleman. C'est la satire d'une expédition de la milice bourgeoise de Vire à l'époque de la chouannerie

(2) Poème héroï-comique en trois chants, par Michel Legoupil. Saint-Lô, impr. Potier, 1834. L'auteur y ridiculise la marche sur Carentan, d'une troupe de Cherbourgeois qui croyaient aller à la rencontre d'une armée de royalistes venant, disait-on, s'emparer de Cherbourg.

La *Daumontade*, qui fut dirigée contre le duc d'Aumont, participait de l'un et de l'autre ; car elle avait la prétention, tout en s'inspirant d'un épisode particulier, de faire la critique de toute une catégorie d'hommes politiques. C'était moins en effet le chef de l'expédition de 1815, que tout le parti royaliste, qu'elle se proposait de railler.

Ce poème héroï-comique, en sept chants et en vers de huit syllabes (1), dépassait certainement les forces de son auteur, Ambroise Bétourné, dont le musicien Labarre avait popularisé les romances. Celui qui avait rimé *La jeune fille aux yeux noirs* et autres fadeurs, très goûtées à l'époque, était bien incapable de ciseler le vers d'airain de la satire. Sergent-major dans la Jeune Garde, où il s'était moins distingué par

(1) La bibliothèque de Caen possède une copie (ms. in-8°, n° 32) de ce poème, que nous croyons inédit. En voici le titre : *La Daumontade, poème héroï-comique en 6 chants.* — Annuntiate inter gentes gloriam ejus, in omnibus populis mirabilia ejus (Psaume 95). — Sur le feuillet de garde on a écrit : *Par Bétourné et Jouenne.*

S'il faut en croire cette note, Bétourné aurait eu un collaborateur. Mais, si l'on examine le manuscrit in-folio, conservé à la collection Mancel, écrit de la main de l'auteur, couvert de ratures, de corrections et de variantes, augmenté d'ailleurs du 7e chant, qui n'est pas indiqué dans le titre même de ce manuscrit, on serait tenté de penser que Bétourné est le seul auteur de ce poème satirique. Ce qui le prouverait encore, c'est le projet de préface, malheureusement mutilé, qui précède le titre et où l'auteur parle ainsi de son œuvre : « On pourra reprocher à mes héros de ne pas agir beaucoup ; en revanche, ils parlent assez... »

ses vertus militaires que par sa belle écriture, il n'en avait pas moins reçu, à cette ardente école de bonapartisme, une empreinte ineffaçable. Ayant depuis vécu familièrement avec Charlet, le dessinateur de l'épopée napoléonienne, il se crut appelé à venger, à sa manière, les dernières défaites de l'empereur. Et sa manière se passe malheureusement tout à la fois de justice et de sens critique.

Quand il représente les compagnons du duc d'Aumont fuyant au coup de fusil d'un chasseur qui tire un lièvre, ou se couvrant d'une ombrelle pour éviter les rayons du soleil, il ne se rappelle pas qu'il y avait parmi eux des braves, comme le général de Saint-Simon et le maréchal-de-camp Eugène d'Hautefeuille, plusieurs fois cités pour leur valeur dans les bulletins de l'armée d'Espagne. Quand il prête ce propos à l'aumônier royaliste : « Les peuples sont nés pour servir », il ne se doute pas, dans son ignorance de l'histoire, que son vers ironique s'appliquerait encore mieux au régime impérial. Quand il récrimine enfin contre ceux qui ont obligé Napoléon à abdiquer une seconde fois, il semble oublier, s'il en a jamais eu la moindre notion, que l'Empire est tombé surtout victime de ses propres fautes.

Malgré ces erreurs, ou peut-être à cause de ces défauts mêmes, le poème dut plaire aux anciens libéraux, gens honnêtes, mais naïfs, qui avaient cru apercevoir la figure allégorique de la liberté dans les plis du drapeau tricolore ramené de l'île d'Elbe. L'œuvre était trop longue pour être retenue, et trop mal écrite pour durer. Mais elle eut son renouveau avec une forme littéraire plus perfectionnée et plus alerte. Car c'est bien de la même inspiration que sortirent les refrains de Bérenger. Le chansonnier était en effet si peu expert en politique qu'il regarda toujours, comme un continuateur de la Révolution, le despote qui rétablit, pendant son règne, autant de Bastilles qu'il y avait de forteresses capables de contenir des adversaires détenus sans jugement.

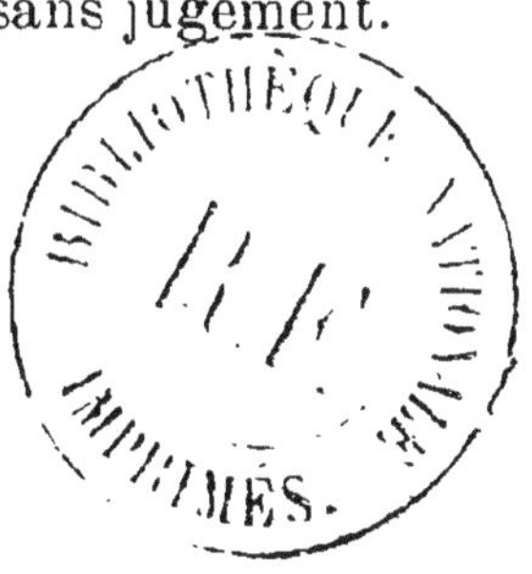

TABLE

Caen. — Impr. H. Delesques, rue Froide, 2 et 4.

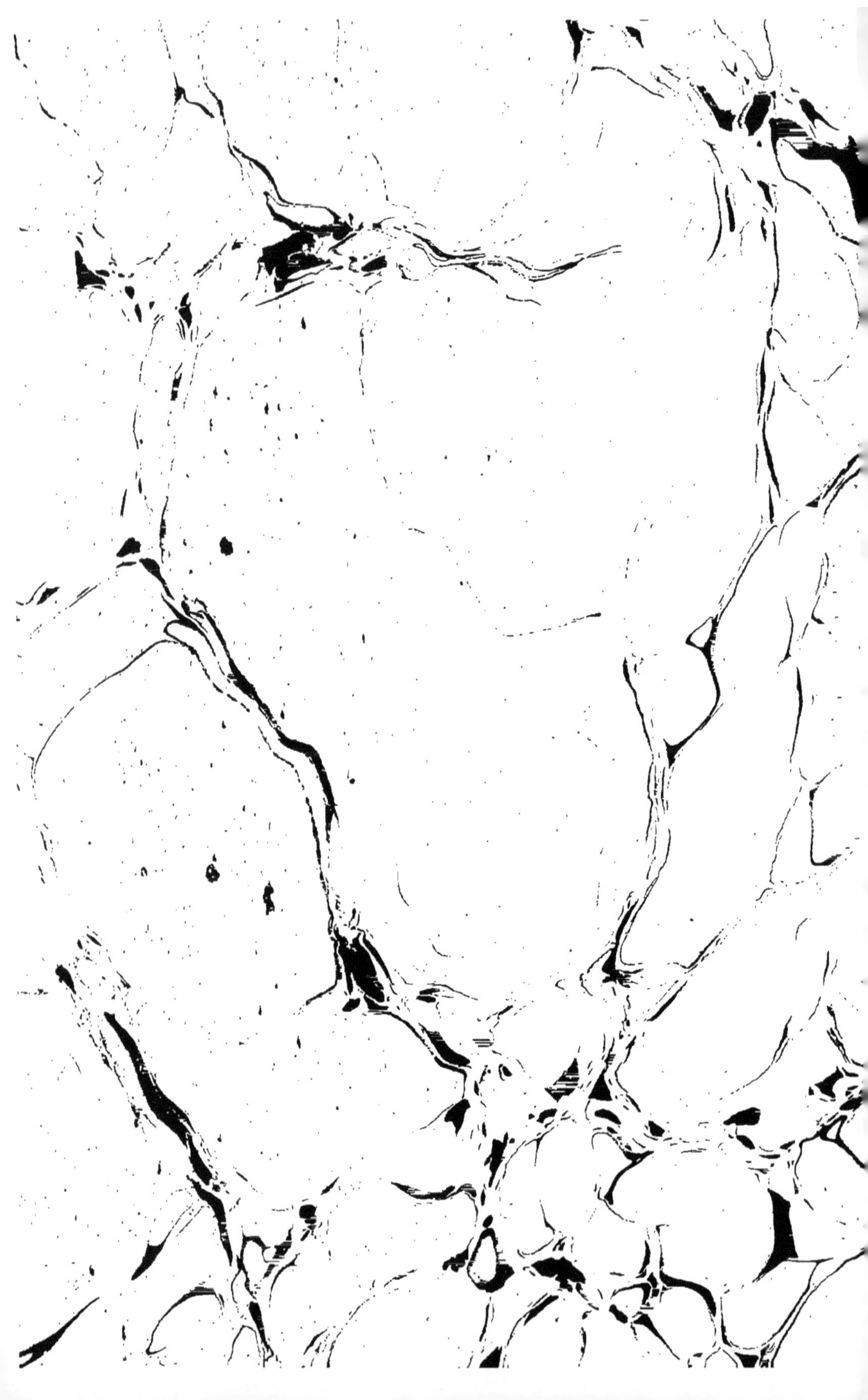

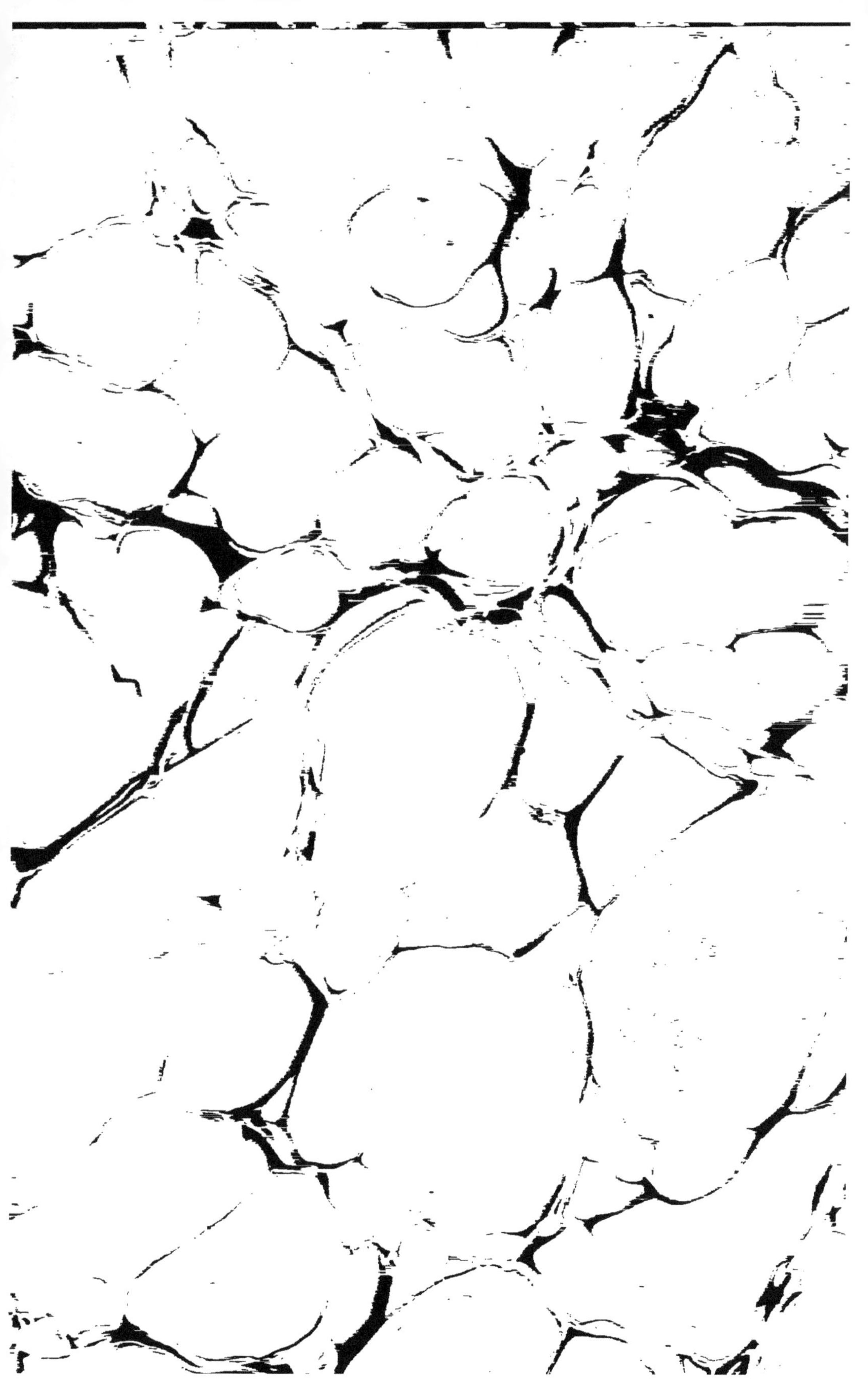

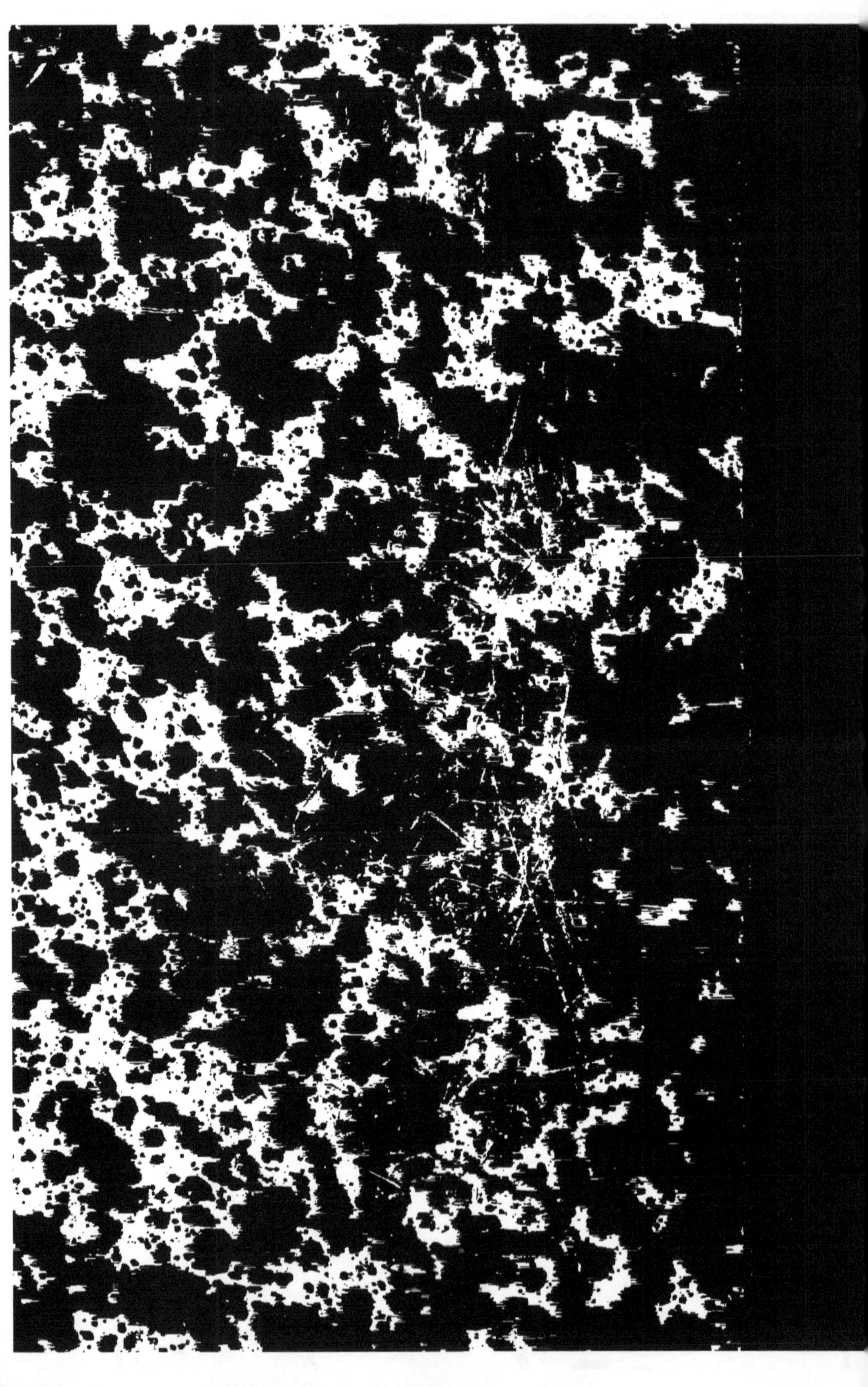

www.ingramcontent.com/pod-product-compliance
Ingram Content Group UK Ltd.
Pitfield, Milton Keynes, MK11 3LW, UK
UKHW020244250726
13967UKWH00004B/1510